법화경 마음공부

不抑郁的活法──實踐版：法華經修心課

Copyright ⓒ 2015 by Fei Yong
Korean Translation Copyright ⓒ 2019 by UKNOWBOOKS
This translation is published by arrangement with Great Star(Shanghai) media Co., LTD
Through SilkRoad Agency, Seoul, Korea.
All rights reserved.

이 책의 한국어판 저작권은 실크로드 에이전시를 통해
Great Star(Shanghai) media Co., LTD와 독점 계약한 유노북스에 있습니다.
저작권법에 의해 한국 내에서 보호를 받는 저작물이므로 무단 전재와 복제를 금합니다.

인 생 이 　 한 결 　 홀 가 분 해 지 는
법화경 마음공부

페이융 지음 | 허유영 옮김

유노
북스

초대하는 글

마음의 고통에서
벗어나는 법

사람들은 늘 무언가로부터 보호받거나 무언가에서 벗어나길 바란다. 누구나 살다 보면 자기 힘으로 어쩔 수 없는 일이 닥치기 마련이다. 아무리 한 나라의 왕이라도 무한대의 능력을 가질 수는 없으므로 때로는 번뇌하고 우울해한다. 어쩌면 평범한 사람들보다 더 많이 번뇌하고 더 깊이 우울해할 수도 있다.

번뇌와 우울감이 찾아오면 사람들은 벗어날 방법을 찾는다. 예술, 여행, 심리 치료, 요가 등등 번뇌와 우울감을 달래는 방법이 여러 가지 있다. 하지만 고통을 조금 가볍게 해 줄 뿐 고통 자체를 없애거나 근본적으로 해결하지는 못한다.

지의선사는 인생을 고통스럽게 하는 번뇌와 우울에서 완전히 벗어날 수 있는 방법을 이렇게 알려 주었다.

"아무것도 소유하지 말고, 아무것도 구별하지 말라. 삼천 가지 변화가 생각 하나에 있으니 찰나에 모든 게 이루어진다. 본성을 깨달으면 지금 당장 부처가 되리라."

지의선사는 천태종의 시조다. 서기 575년 제자들을 데리고 곳곳을 돌아다니다가 천태산에 이르러 10년을 머물며 수도했다. 그는 천태산에서 매일《법화경》을 독송하고 제자들에게 해석해 주었으며 유명한 저서《법화현의(法華玄義)》를 남겼다. 이 때문에《법화경》이 훗날 천태종의 최고 경전이 되었다.

지의선사는 '묘(妙)' 자 하나만 가지고 90일 동안 설법했다고 한다.《법화경》을 한자로 번역한 정식 명칭이《묘법연화경(妙法蓮華經)》이기 때문이다. 하지만 이 '묘' 자는 산스크리트어의 본래 의미와 다르다. 원래는 '삿다르마 푼다리카 수트라(Saddharma Pundarika Sutra)'라는 세 단어로 된 산스크리트어다. 각각 '정법', '백련화(연꽃)', '계경(경전)'을 뜻하는데, 서역 승려 구마라십이 '정법'을 '묘법'으로 번역한 것이다.

노자의《도덕경》에 나오는 "변함없는 '무'로써 그 오묘함을 살피고자 한다(故常無, 欲以觀其妙)"라는 표현에서 '묘'는 '신묘함',

'깊고 미묘함'을 의미하고, 《장자》에 나오는 "9년이 지나서는 크게 오묘해졌다(九年而大妙)"는 구절에서 '묘'는 '아름답다'는 뜻이다. 또 '묘'가 '세밀함', '아득함' 등의 의미로 쓰인 문헌도 있다. 이처럼 《묘법연화경》이라는 제목에서 '묘'가 의미하는 바를 정확히 단정할 수는 없지만, 반드시 정의해야 한다면 "연꽃처럼 아름답고 오묘하다"는 뜻이라고 하겠다.

 연꽃의 이름을 넣어 명명한 《법화경》은 석가모니가 말년에 설법한 내용을 정리한 불경이며, 석가모니의 가장 성숙한 사상이 담겨 있으므로 '불경 중의 왕'이라고 불린다. 부처는 《법화경》을 가장 은밀한 법이라고 했다. 연꽃은 어디서나 피는 꽃이 아니라 은밀한 꽃이며 많은 비밀을 품고 있다. 꽃이 피는 동시에 열매가 맺히므로 꽃을 피움이 곧 결실임을 의미하고, 진흙 속에 뿌리를 내리고 자라므로 더러움 속에서 깨끗한 것이 나온다는 의미를 품고 있다. 연꽃은 조용히 피어난다. 요란하고 번잡스러운 도시든 황량한 벌판이든 은은한 향기를 담담하게 풍기며 고요한 경지로 사람을 이끈다.
 제목에 연꽃의 이름이 들어간 불경은 《법화경》이 유일할 것이다. 연꽃은 불교의 꽃이다. 연꽃은 불교의 우아함과 세상을 바라보는 태도를 은유적으로 상징한다.
 석가모니는 태어나자마자 걸을 수 있었고 그가 걸음을 걸을 때마다 연꽃이 피어났다고 한다. 선종에는 염화미소(拈花微笑)의 아름다운 일화가 있고, 티베트불교의 6자 진언 '옴 마니 반메 훔(唵麼抳鉢銘吽)'도 "마음속에서 연꽃이 피어나다"라는 뜻이다. 티베트인들은 날마다 이 진언을 읊으며 마음속에서 연꽃이 피길 기다린다.

불교에서는 연꽃뿐만이 아니라 모든 꽃이 심오한 상징적 의미를 갖고 있다. 꽃이 피는 것은 새로운 소식이자 새로운 시작이며 비밀스러운 문이 열리는 것을 상징한다. 그 문은 계속 그곳에 있었지만 우리가 이제야 문 너머에 있는 공간을 발견한 것이다. 그 공간에서 사람의 영혼이 가장 큰 힘을 얻고, 그 힘은 우리가 상상할 수 없는 세계를 창조한다. 그 세계는 속세 밖의 세계다.

우리는 늘 이런 저런 것에 매인 채 살고 있다. 앞길이 막막하고 무엇인가에 갇혀 있다고 느낀다. 직장에 매여 있을 수도 있고, 관념에 갇혀 있을 수도 있다. 여기서 더 심각해지면 우울증이 나타난다.

《법화경》에는 부처가 고통스러워하는 사람들에게 전하고자 한 말이 담겨 있다. 어떤 상황, 어떤 사물도 당신을 구속할 수 없으며, 그 모든 것에는 문이 있다. 그 문은 당신을 향해 열려 있다. 당신이 그 문을 가볍게 밀고 들어가기만 한다면 다른 세계가 보일 것이다. 그러면 당신은 깨달을 것이다. 이 세상에 막다른 길은 없다는 것을. 어디에든 출구가 있고 문이 있다는 것을. 당신이 원한다면, 자신감과 용기만 있다면, 그저 한 발 내딛기만 한다면, 그 어떤 어려움에서도 한 걸음 한 걸음 빠져나올 수 있다.

마음을 조용히 가라앉히고 《법화경》을 읽어 보면 우리를 가만히 다독이는 소리를 들을 수 있을 것이다.

"절망하지 말고 우울해하지 말라. 모든 것에는 문이 있다. 네 마음속에 날아오를 수 있는 날개가 있다. 그 어떤 어려움도 너를 묶어 둘 수는 없다."

그 순수한 목소리를 따라가다 보면 번잡한 인생의 고통에서 한 발 한 발 빠져나오게 될 것이다.

페이융

| 차례 |

초대하는 글 마음의 고통에서 벗어나는 법　　　　　　　　005
오리엔테이션 16분 만에 이해하는 《법화경》　　　　　　015

법화경 마음공부 제1강

왜 인생이 고통인가?
_불타는 집 이야기

《법화경》속으로 "집에 불이 나면 문을 찾아 빠져나와야 한다"　041

인생의 이치는 멀리 있지 않다　　　　　　　　　　　　051
삼계육도에 갇힌 시시포스들의 숙명　　　　　　　　　　056
영원히 이룰 수 없는 네 가지 소원　　　　　　　　　　　060
왜 불타는 집에서 떠나지 못하는가　　　　　　　　　　　065
도피는 진정한 해탈이 아니다　　　　　　　　　　　　　069
관념과 습관이 나를 해치게 하지 말라　　　　　　　　　　073
삶이 원래 이토록 아름다운 것이었나!　　　　　　　　　　077

법화경 마음공부 제2강

어떻게 인생의 고통을 멈출 것인가?

_가난한 아들 이야기

《법화경》속으로 "언젠가는 자신의 집으로 돌아가야 한다"   085

나의 집은 어디인가?   093
인생은 짧고 생명은 무한하다   098
진정한 부유함은 따로 있다   102
진짜 내 것이라면 잃지도 않았을 것이다   106
인생에서 가장 중요한 원칙   111
이제 돌아가야 할 때다   116

법화경 마음공부 제3강

어떻게 나만의 삶을 살 것인가?
_부처가 된 부처 이야기

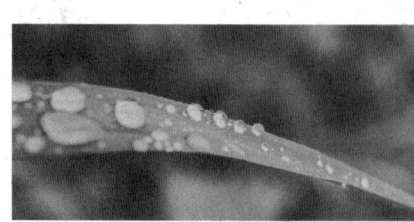

《법화경》 속으로 "너희도 부처가 될 수 있다"	123
나는 무엇이 될 수 있을까?	129
허울뿐인 껍데기를 벗어라	134
사람은 자기 영토에서 살아야 한다	139
돼지우리에 살 것인가, 부처 나라에 살 것인가	143
눈이 깨끗하면 모든 비밀을 꿰뚫어 볼 수 있다	149
귀가 깨끗하면 모든 소리를 들을 수 있다	153
코가 깨끗하면 모든 향기를 맡을 수 있다	157
혀가 깨끗하면 감동적인 말을 할 수 있다	161
몸이 깨끗하면 세계를 환히 비출 수 있다	165
마음이 깨끗하면 행복의 비밀을 알 수 있다	169
부처는 가장 훌륭한 정신과 의사다	176

법화경 마음공부 제4강

잘 산다는 것은 무엇인가?

_부처의 진리 이야기

《법화경》속으로 "진리는 멀리 있기도 하고 가까이 있기도 하다"   183

부처가 걷는 걸음마다 연꽃이 핀 이유   189
부처는 신인가, 인간인가?   195
프로이트가 《법화경》을 만났을 때   201
태어남도 없고 죽음도 없는 세계   207
지금 마음이 편안하다면, 나도 부처다   211
부처의 수만 가지 이름들에 얽힌 사연   216
부처가 인간 세상에 온 세 가지 이유   220
부처가 가르쳐 주는 네 가지 비밀   224

법화경 마음공부 제5강

어떻게 하면 마음이 홀가분해질까?
_용왕 딸의 성불 이야기

《법화경》속으로 "깨닫기만 하면 찰나에도 부처가 될 수 있다" 231

버리면 비로소 얻는 것들 238
내려놓으면 세상이 나의 일부가 된다 244
마음이 아름다우면 몸도 아름답다 249
지금 당장 험담하지 않는 것부터 시작하라 254
깨달음에 오랜 시간이 필요한 것은 아니다 259
오로지 남의 고통만을 생각하고 행동하라 264
살아 있는 매 순간 자신이 좋아하는 일을 하라 271

오리엔테이션

16분 만에 이해하는 《법화경》

어째서 인생은 고통이라고 하는가?

불교학자들은 《법화경》이 대승불교의 입장에서 여러 불교 종파를 조화롭게 아우른 불경이라고 말한다. 다시 말해 《법화경》은 불교 내부의 의견 차이를 해결한 불경이다. 어떤 의견 차이일까? 방법상의 의견 차이다. 불교의 각 종파들은 기본 교리가 아니라 세부적인 방법상의 차이 때문에 여러 갈래로 갈라져 있다. 《법화경》은 이 이견들을 하나로 모으고 조화시키기 위해 이견이 존재하지 않는 기본 교리의 체계를 명확히 하는

데 집중했다.

불교의 기본 교리란 무엇일까? 바로 사제(四諦), 즉 고제(苦諦), 집제(集諦), 멸제(滅諦), 도제(道諦)다. '제'란 진리를 뜻한다. 쉬운 말로 풀어 설명하자면, 사제란 네 가지 진리이며 각각 고통에 관한 진리, 고통의 원인에 관한 진리, 고통을 없애는 방법에 관한 진리, 도를 이루는 방법에 관한 진리다. 석가모니가 부처가 된 뒤에 제일 먼저 말한 것이 바로 이 네 가지 진리이며, 이 넷 중 가장 기본이 바로 고통에 관한 진리다.

고통이란 불교에서 인생을 대하는 가장 기본적인 관점이다. 사는 것이 바로 고통이라는 뜻이며, 이것이 모든 불교 사상의 전제가 된다. 인생이란 본래 고통스러운 것이기 때문에 고통의 원인이 무엇인지 알아야 하고, 고통의 원인이 무엇인지 깨달았다면 인생의 고통에서 벗어나는 방법을 찾아내 최종적인 해탈을 얻어야 한다. 《법화경》을 보면 이 점을 설명하기 위해 한 가지 이야기를 예로 들고 있다. 어떤 이야기일까? 바로 불타는 집에 관한 이야기다.

아주 큰 집에 대가족이 살고 있었다. 이 집에서 뛰어놀고 생활하는 아이들은 이 집이 세상 그 자체라고 생각해서 어떻게든 이 집 안에서 더 잘 살기 위해 노력했다. 나이 든 아버지만이 사실 이 집이 위태로운 상황이라는 걸 알고 있었다. 집에 불이 났고, 불길이 점점 거세지고 있으며, 기둥뿌리가 계속 타들어

가고 있다. 집은 곧 무너질 게 분명했다. 집 밖에는 넓은 세상이 있지만, 집 안에 있는 아이들은 그 집이 무너질 것이라는 사실을 믿지 않았고 집 밖에 더 좋은 세상이 있다는 것도 믿지 않았다. 아버지는 궁리를 한 끝에 바깥에 아이들이 좋아하는 보물이 있다고 여러 가지 방법으로 알려 주었다. 그러자 아이들이 줄지어 집 밖으로 나와 탁 트인 길에서 마음껏 뛰어다녔다.

이 이야기는 앞으로 여러 번 반복해서 언급될 것이다. 이 우화에 불교의 거의 모든 기본 사상이 담겨 있기 때문이다. 이 이야기에서 나온 유명한 말이 바로 '불타는 집'이라는 뜻의 '화택(火宅)'이다. 우리가 살고 있는 세상이 바로 이 화택과 같다. 어떤 화택일까? 부처는 《법화경》에서 이런 게송으로 이 세상을 묘사했다.

"굶주려 겁을 먹고 이리저리 먹이를 찾아다니는구나."
"서로 싸우는 소리 참으로 두렵구나."

사람들은 제 살 길 찾겠다며 바쁘게 뛰어다니고 명리를 얻기 위해 싸우고 있다. 부처는 이런 세상을 '오탁악세(五濁惡世)', 즉, 다섯 가지 흐리고 탁한 세상이라고 했다.
첫 번째는 전쟁, 기아, 전염병 등의 재난이 끊이지 않는 겁탁(劫濁)이다.

두 번째는 욕심, 성냄, 어리석음 때문에 번뇌하는 번뇌탁(煩惱濁)이다.

세 번째는 서로 믿지 못하고 그 인과응보로 인해 끊임없이 윤회하는 중생탁(衆生濁)이다.

네 번째는 중생이 잘못된 사상을 믿고 옳은 법을 듣지 못하는 견탁(見濁)이다.

다섯 번째는 중생이 악업을 지어 수명이 점점 줄어드는 명탁(命濁)이다.

인류의 역사를 가만히 돌이켜 보면 부처는 그저 객관적인 사실을 묘사한 것뿐임을 알 수 있다. 아무리 과학기술이 발달하고 제도가 진화해도 인간의 욕심, 성냄, 어리석음은 조금도 변하지 않았고, 그 결과 인간의 번뇌 또한 하나도 줄어들지 않았다.

인간의 투쟁은 한 번도 멈춘 적이 없다. 날마다 크고 작은 폭력 사건, 테러, 전쟁이 뉴스를 가득 채운다. 우리가 살고 있는 세상 곳곳이 정말로 불타고 있다. 그런데도 우리는 화려한 명예와 눈앞의 이익을 차지하려 기를 쓰고 싸우고 서로 미워한다.

부처는 《법화경》에서 '삼계(三界)'라는 개념으로 화택에 대해 더 자세히 설명했다. 삼계에 살고 있다는 건 바로 화택에 살고 있다는 것이다. 삼계란 무엇인가? 욕계(欲界), 색계(色界), 무색계(無色界)다. 욕계란 음욕과 식욕이 있는 세계이고, 색계란 음욕과 식욕은 없지만 물욕이 있는 세계이며, 무색계란 물질을 초월한 순수한 정신의 세계다.

《법화경》에 이르기를 "삼계는 편안함이 없어서 불타는 집과 같다. 숱한 괴로움이 가득차서 심히 두렵다"라고 했다. 사람은 이 세상에서 태어나고 죽고, 또 태어나고 죽기를 반복하며 삼계라는 집을 벗어나지 못하고 있다. 여기서 불교의 또 다른 중요한 개념이 등장한다. 바로 '육도윤회(六道輪廻)'다. 사람이 철저히 해탈하지 못해 도를 이루지 못하면 육도 세계에서 끊임없이 순환하며 돌아다니게 된다는 것이다. 아무리 죽었다 다시 태어나고 또 죽었다 다시 태어나도 그저 이 방에서 저 방으로, 저 방에서 또 다른 방으로 옮겨 가는 것일 뿐이다.

육도란 무엇일까? 지옥도, 아귀도, 축생도, 아수라도, 인간도, 천상도. 바꾸어 말하면, 사람이 도를 이루지 못하면 이 여섯 가지 형태를 바꾸어 가며 계속 돌아다니며, 설령 신선(천상)의 경지까지 수행한다 해도 성내거나 탐욕스러운 마음을 먹으면 단숨에 지옥으로 떨어질 수도 있다는 뜻이다.

우울함은 인생의 본질을 드러낸다

인생은 육도 안에서 윤회하는 것이다. 아무리 발버둥 쳐도 삼계를 벗어날 수 없다. 산다는 것은 육도 가운데 어느 한 곳에 묶여 고통받는 것이다. 어째서 벗어날 수 없을까? 대부분은 그들이 살고 있는 세계가 전부라고 생각한다. 그러니 벗어나야 한다고 생각하지도 못하고, 벗어날 생각조차 못하니 당연히 벗어날 수도 없다.

평생 한 회사에서 일하며 그 회사가 자신의 전부라고 생각하는 사람들이 있다. 그곳을 떠나서 무엇을 할 수 있을지조차 모른다. 그래서 그들은 일생의 꿈과 기대를 그 회사에 건다. 한평생 그 회사에서 기어 올라가려고 기를 쓰고 수많은 인간관계와 시시비비에 뒤엉킨 채 살아간다. 작은 병 속에 갇혀 뒤엉켜 있는 개미들처럼 그 병에서 빠져나갈 수 있다는 사실을 아무도 생각하지 못한다. 병에서 빠져나가면 드넓은 대지를 유유히 거닐 수 있다는 걸 아무도 상상하지 못한다.

많은 사람들이 자신이 살고 있는 집이 불타고 있다는 것도 모른 채 자신의 모든 꿈이 그 안에 있다고 믿으며 갖가지 속세의 목표를 위해 밤낮으로 매진한다. 《법화경》에서는 "삼계화택은 고통의 바다다. 중생이 그 속에 깊이 가라앉아 있지만 두려워하지도 않고 싫어하지도 않고 빠져나가려 하지도 않고 아무것도 모른 채 그저 즐기고 놀 줄만 안다. 삼계화택 안에서 동분서주하고 커다란 고통이 숱하게 닥치지만 그게 재앙이라고 생각하지도 않는다"라고 했다. 그리고 부처는 중생에게 이렇게 말했다.

"삼계화택의 악사가 되지 말라. 비루하고 망가진 번뇌의 화택에 미련을 갖지 말고 색(色), 성(聲), 향(香), 미(味), 촉(觸)의 오욕(五慾)을 탐하지 말라. 오로지 살기만을 탐하면 욕심의 불길에 타 버릴 것이다. 어서 빨리 삼계에서 벗어나라."

사는 것은 곧 고통이다. 누가 봐도 비관적인 말이다. 그 때문에 불교 사상을 소극적인 사상이라고 단정하는 사람들이 많다. 그런데 사실 불교는 소극적이지 않다. 왜 그럴까? 부처가 사는 것이 곧 고통이라고 말한 뒤, 고통에서 벗어나 즐거워질 수 있는 여러 가지 방법을 가르쳐 주었기 때문이다. 이 세상은 고통스러운 곳이다. 하지만 원한다면 고통에서 벗어날 수 있고, 벗어나기만 한다면 깨달음의 길 위에서 더할 나위 없이 즐거운 정토(淨土)를 찾을 수 있다.

그러므로 불교는 매우 긍정적이고 낙천적인 사상이다. 공허한 이상주의 위에 세워진 긍정성과 낙천성이 아니라 이 세상의 본모습에 대한 인식을 바탕으로 한 긍정성과 낙천성이다. 다시 말해, 매우 현실적이고 근본적인 낙관주의다.

우리가 늘 안고 살아가는 우울한 감정도 마찬가지다. 우울감은 비관적인 정서다. 그런데 사람은 비관적일 때 세상의 본모습과 인생의 본질을 더 정확하게 인식할 수 있다. 그러므로 우울감은 부정적이기만 한 것이 아니다. 우리가 그것을 통해 세상의 본모습을 깨달을 수 있다면 우울감도 긍정적인 역할을 할 수 있다. 초조함이 사람의 적극성을 일깨우는 원동력이 될 수 있는 것처럼 말이다.

문제는 우리가 항상 우울함에 매몰되어 있다는 점이다. 자기가 다니는 회사가, 또는 지금의 가정이 세상의 전부라고 착각하고 자신을 완전히 그 속에 내던져 버리고는 늪에 빠진 사람처럼 한 발짝도 빠져나오지 못한다. 지금 당신이 늪에 빠져 허우적대고 있다고 상상해 보라. 어떤 심정이겠는가? 사람의 감정이 늪에 빠진 것이 바로 우울감이다. 출구가 없는 막다른 길이 분명한데도 한사코 계속 들어가려고 기를 쓴다. 결국 우울감이 깊어져 마음의 병이 되고 더 심해지면 스스로 목숨을 끊는 극단적인 지경에 이르게 된다.

우울해질 때 《법화경》을 읽어 보자. 부처가 말한 불타는 집 이야기가 우울감의 늪에서 당신을 건져 줄지도 모른다. 아무리 위험하고 곤란한 상황일지라도, 아무리 절망적인 현실일지라도 용감하게 한 발을 내딛고 빠져나오면 넓은 길이 있다는 사실을 잊지 말길 바란다. 빠져나가겠다는 마음만 있다면 눈앞에 탁 트인 길이 나타날 것이다.

마음의 고통에서 벗어나는 법

그렇다면 어떻게 빠져나올 것인가? 가장 중요한 방법은 바로 수행이다. 《법화경》〈안락행품〉에 구체적인 수행 방법이 나와 있다. 이 방법들을 따라 한다면 천천히 고해에서 벗어나 자유로운 바다로 향할 수 있다. 이른바 '안락행(安樂行)'에는 신(身)안락행, 구(口)안락행, 의(意)안락행, 서원(誓願)안락행이 있다.

신안락행이란 신체적인 수행으로 안락을 얻는 방법이다. 출세를 위해 권력가에게 빌붙지 않고 불법 음란물을 보지 않는 것 등이 여기에 속한다.

구안락행이란 말의 수행으로 안락을 얻는 방법이다. 남의 험담을 하지 않고 유언비어를 옮기지 않는 것 등을 말한다.

의안락행은 거만한 마음을 품지 않는 등 마음의 수행으로 안락을 얻는 방법이다.

서원안락행은 중생이 깨달음을 구하고 부처의 오묘한 진리 가운데 머무를 수 있도록 기도함으로써 안락을 얻는 방법이다.

이 네 가지가 기본적인 수행 방법이지만, 더 구체적으로 들어가면 불교 내에 여러 가지 이견이 있다. 부처가 세상에 있을 때도 그의 사촌동생 조달(제바달다)은 고행을 주장하여 출가한 사람은 반드시 속세를 떠나 은거해서 홀로 수행해야 하고 채식만 해야 하며 누구에게도 재물을 받아서는 안 된다고 주장했다. 하지만 부처는 반드시 은거해서 홀로 수행해야 하는 것은 아니고 반드시 채식을 해야 하는 것도 아니며 모든 건 인연에 따라야 한다고 생각했다.

부처가 입적하고 얼마 되지 않아서 불교가 상좌부와 대중부로 나뉘었다. 상좌부는 출가한 사람은 돈을 보시받아서는 안 되고 남은 음식을 저장해도 안 된다고 주장한 반면, 대중부는 돈을 보시받거나 옷을 사는 것을 허용했다.

불교가 가장 크게 갈라지면서 생겨난 종파는 대승불교와 소승불교다. '승'이란 산스크리트어의 '야나(yana)'를 번역한 것으로, '수레' 또는 '길'을 뜻한다. 서기 1세기경 불교 내부에서 '중생 구도'라는 수행의 목적을 강조하는 새로운 사상과 수행 규칙이 생겨났다. 그들은 자신의 해탈과 수행에만 매진하는 기존의 수행 방식은 '작은 수레'일 뿐이며, 많은 중생을 고해에서 구제하기 위해서는 '큰 수레'가 필요하다고 주장했다. 이렇게 해서 불교가 소승불교와 대승불교로 갈라졌다.

이제 《법화경》의 화택 이야기로 돌아와 보자. 이 세상이 화택이고 화택에서 벗어나야 영원한 해탈을 얻을 수 있다는 것은 모든 불교도의 일치된 생각이다. 하지만 어떤 방법으로 해탈할 것인가를 두고 다양한 의견이 존재한다. 크게 보면 내가 화택을 빠져나갈 방법을 궁리하는가, 아니면 다른 식구들이 화택을 빠져나가게 할 방법을 궁리하는가의 차이다.

일반적으로 혼자 수행해서 부처가 되는 것을 소승 사상, 보리심을 가지고 중생 구도를 우선하는 것을 대승 사상이라고 부른다. 말하자면 "내가 지옥에 떨어지지 않으면 누가 지옥에 떨어질 것인가?", "중생이 단 한 명이라도 부처가 되지 못하면 나는 세상으로 돌아가 계속 그와 함께 고통받으며 그가 깨달음을 얻고 부처가 되길 기다리겠다"라는 것이 대승의 정신이다.

누구나 부처가 될 수 있다

《금강경》이 '공(空)'이 무엇인지, 해탈의 최고 경지가 무엇인지 알려 준다는 점에서 중요한 불경이라면, 《법화경》은 대승불교와 소승불교를 조화롭게 아우른다는 점에서 매우 중요하다. 《법화경》은 해탈의 방법에 관한 문제를 해결했다. 해탈 방법과 화택에서 빠져나오는 방법에 관해 불교 내부에 여러 가지 이견이 존재했다. 그러자 석가모니가 《법화경》을 통해 중생에 따라 각기 다른 방법을 사용하는 것일 뿐, 성불하는 방법이라는 점에서는 모두 같다고 말했다. 여러 가지 방법이 서로 대립된 것도 아니고 높고 낮음의 차이도 없으며 최종적으로 부처가 되는 수단일 뿐이라는 것이다.

불타는 집 이야기를 보면, 아버지가 아이들에게 밖으로 나가기만 하면 양이 끄는 수레, 사슴이 끄는 수레, 소가 끄는 수레가 있다고 말했다. 그런데 아이들이 밖으로 나가 보니 흰 소가 끄는 화려하고 아름다운 수레가 있었다. 부처는 중생이 불타는 집에 있을 때 제일 중요한 것은 그들을 밖으로 빠져나가게 하는 것이라고 했다. 어떻게 해야 그들을 밖으로 내보낼 수 있을까? 중생의 성향에 따라 각기 다른 방법을 써야 한다.

예를 들어, 어떤 사람이 부처의 가르침을 귀담아 듣고 굳게 믿으며 열심히 정진해서 고제, 집제, 멸제, 도제를 깨달아 삼계 고해에서 빠져나가려 한다면, 이를 성문승(聲聞乘)이라고 한다. 부처의 가르침을 경청함으로써 불타는 집에서 빠져나가는 것이다. 불타는 집 이야기에서 양이 끄는 수레가 바로 성문승을 비유한 것이다.

또 다른 사람은 부처의 가르침을 경청하고 온 마음을 다해 스스로 지혜를 깨닫고자 노력하여 12인연의 이치를 깨달을 수 있다. 이런 방법으로 깨달음을 얻는 것을 연각승(緣覺乘)이라고 한다. 불타는 집 이야기에서 사슴이 끄는 수레가 바로 연각승을 의미한다.

또 다른 사람은 부처의 가르침을 경청하고 부지런히 수행해서 모든 지혜를 얻어 모든 중생을 구제하고 싶다는 소망을 비는데, 이를 보살승(菩薩乘)이라고 한다. 불타는 집 이야기에서 소가 끄는 수레가 바로 보살승이다.

여기서 성문승, 연각승을 소승이라고 하고, 보살승을 대승이라고 한다. 《법화경》의 불타는 집 이야기를 보면, 아이들에게 양이 끄는 수레, 사슴이 끄는 수레, 소가 끄는 수레를 주겠다며 밖으로 유인한다. 결과적으로 아이들은 흰 소가 끄는 커다란 수레를 받는다. 이는 이 삼승(三乘)이 그저 방법상의 차이이며 결국은 같은 것임을 의미한다. 부처는 어떤 방법이든 성불하기 위한 수단이자 최종적인 해탈로 향하는 길이라고 생각한 것이다.

《법화경》〈화성유품〉에서 부처는 자신이 얘기한 여러 가지 이치들이 각기 다른 것 같지만 근본적으로는 모두 같은 것이라고 했다. 부처는 왜 각기 다른 이치를 얘기했을까? 대상의 성격에 따라 각기 달리 얘기했기 때문이다. 부처는 또 이런 예를 들어 설명했다.

보물섬으로 보물을 찾으러 가는 사람들이 있었다. 보물섬은 이만 리 넘게 떨어져 있었다. 절반쯤 갔을 때 많은 사람들이 지치고 두려움에 떨며 더 이상 가지 못하겠다고 했다. 그러자 인솔자가 신통력을 발휘해 그리 멀지 않은 곳에 성을 만들어 놓고 사람들에게 말했다.

"두려워하지 마시오! 쉽게 포기하지도 마시오! 조금 더 가면 성에 도착할 수 있소! 거기서 쉴 수 있소!"

사람들이 성에 도착해 휴식하며 기력을 회복하자 인솔자가 다시 성을 없앤 뒤 말했다.

"이 성은 내가 신통력으로 만든 것이오. 우리는 보물섬까지 가야 하오!"

이 이야기를 들려준 뒤 부처가 말했다.

"여래가 불승을 성문승, 연각승, 보살승으로 나눈 것은 중생을 교화하고 구제하기 위해 절묘한 힘을 이용한 것이다. 이 이야기 속 인솔자는 사람들이 위험하고 험한 길에서 쉴 수 있게 하기 위해 임기응변으로 성을 만들었다. 사람들이 기력을 회복하자 모두에게 그 성은 원래 없었던 것이라며 목적지까지 계속 가야 한다고 했다. 여래도 이와 같다."

《법화경》에 여러 번 나오는 이 개념을 불교에서 '삼회귀일(三會歸一)'이라고 부른다. 삼회귀일이란 삼승을 조화시켜 하나의 통일된 관점으로 아우른다는 뜻이다. 이런 개념을 담고 있기 때문에 《법화경》은 다른 불경에 비해 더 체계적이며 일종의 교과서라고도 할 수 있다. 《법화경》을 한 걸음 한 걸음 따라가다 보면 불교의 이론적 체계를 익힐 수 있다.

삼회귀일은 우리에게 중요한 인생의 지혜도 전한다. 어떤 일을 하든 최종 목적이 무엇인지 알아야 하고, 어떤 방법을 이용하든 마음속으로 마지막 목적지를 잊지 말고 끈기 있게 앞으로 나아가야 하며, 앞이 막막하고 방향을 잃었을 때는 현재 상황이 어떻든 최종적인 결과가 기다리고 있으므로 두려움을 떨치고 헤쳐 나가야 한다는 점이다.

자기 본성을 찾는다는 것

《법화경》은 부처의 새로운 이미지를 세웠다는 점에서도 중요하다. 원시불교 시대에 부처는 지도자이자 깨달은 사람이었고, 구체적으로는 정반왕의 아들 석가모니였다. 그런데《법화경》에 이르러서 부처의 지위가 한 단계 더 나아가 무한한 법력과 위대한 힘, 근엄한 용모를 가진 전지전능자로 격상되었다. 《법화경》〈서품〉에서 부처가 등장하는 장면을 보면 아름답고 장엄하고 신묘하다.

"부처가 무량의경(無量義經)에 대한 얘기를 마치신 뒤 (…) 실상과 같은 경지에 들어서서 몸도 마음도 동요하지 않으셨다. 이때 하늘에서 작은 만다라꽃과 큰 만다라꽃, 작은 만수사꽃과 큰 만수사꽃이 내려 부처님과 사람들의 몸 위로 떨어져 내렸다."

"그때 부처님 미간의 흰 털에서 밝은 빛이 나와 동방의 일만 팔천 세계를 두루 비추니 아래로는 아비지옥에 이르고 위로는 유정천에 이르렀다. 육도윤회 속 중생의 모든 선업과 악업이 부처가 비추는 이 세계에서 환하게 드러났다."

《법화경》에 나오는 이런 묘사들은 《금강경》에 나오는 일상적인 장면과 비교하면 신화적인 색채가 다분하다. 《법화경》에는 일월등명불(日月燈明佛) 같은 석가모니 이전 시대의 부처들에 대해서도 많이 언급되어 있는데, 부처는 여러 시대에 걸쳐 다양한 신분으로 등장한다. 《법화경》〈여래수량품〉을 보면 석가모니가 자기 신분을 묻는 질문에 대해 이렇게 말한다.

"여러 선남자들아, 여래께서 말씀하신 경전들은 모두 중생을 구제하고 고통에서 해탈하게 하려는 것이다. 여래가 때로는 자기 몸에 대해 말하고, 때로는 부처들의 몸에 대해 말하고, 또 때로는 부처의 몸으로 나타나고, 때로는 다른 부처의 몸으로 나타나며, 자신의 구제를 직접 보여 주기도 하고, 타인의 구제를 통해 보여 주기도 한다. 비록 말은 여러 가지로 바뀌지만 모두 거짓 없는 진실이다. 여래가 욕계, 색계, 무색계의 모든 모습을 꿰뚫어 볼 수 있기 때문이다. 태어남이 없으면 죽음도 없고, 밖으로 물러남이 없으면 안에서 나오는 것도 없으며, 세상에 살지 않으면 세상을 떠나는 것도 없고, 실제로 있는 것이 아니면 허망함도 없다."

심오한 말인 것 같지만 사실 간단한 이치가 담겨 있다. 부처가 단순히 깨달음을 얻은 지도자에 그치는 것이 아니라 사물의 본모습 또는 진리를 상징하며 인과응보로 인해 생겨난 형상이라는 것이다. 《법화경》에서 부처에게 삼신(三身)이 있다고 했다. '삼신'은 산스크리트어의 트리카야(Trikāyāh)에서 온 말로 법신(法身), 보신(報身), 응신(應身)을 이르는데, 자성신(自性身), 수용신(受用身), 변화신(變化身)이라고도 부른다. '신'은 몸이라는 뜻 외에 '모이다'는 뜻도 가지고 있어서 깨달음과 공덕이 모여 불체(佛體)가 되었음을 의미한다.

진리(불법)가 모여서 만들어진 부처의 몸을 법신불이라고 하고, 수행을 통해 그 과보로써 만들어졌으며 극락정토에 있는 부처의 몸을 보신불이라고 하며, 중생을 제도하기 위해 그때그때 인연에 따라 나타나는 여러 몸을 화신불이라고 한다. 석가모니불은 세상에 온 화신불이다.

《법화경》에 나오는 삼신은 부처의 인성(人性)과 신성(神性)이 뒤섞여 있다. 부처의 수행 방법을 길게 얘기하며 그가 깨달음을 얻은 사람이라고 했지만, 또 한편으로는 부처를 중생에게 무한한 힘을 줄 수 있는 신통한 능력자로 묘사했다. 또 《법화경》 〈관세음보살보문품〉에서는 고난이 닥쳤을 때 관세음보살을 읊기만 해도 관세음보살의 보호를 받을 수 있다고 했다. 불교에서는 스스로 자신을 구제하는 것을 강조했지만 대부분은 스스로 깨닫기가 어렵다. 그래서 《법화경》에서는 자기 힘과 외부의 힘을 조화시켜 부처와 관세음의 무한한 법력을 만들어 냄으로써 마음의 평안을 얻게 한 것이다.

부처의 삼신 개념을 일반인에게 적용하면 이렇게 말할 수 있다. 사람은 누구나 세 가지 자신을 가지고 있다. 변치 않는 본성을 가진 자신이 있고, 인과응보로 인해 만들어진 자신이 있으며, 현실 세계에서는 여러 가지 화신으로 존재한다. 예를 들면 집에서는 아버지인 사람이 학교에서는 선생님의 신분이 되는 것처럼 말이다.

이 사실을 안다면 자아를 정확히 인식할 수 있다. 우리도 자신의 특정한 화신이나 보신에 국한되어서는 안 되며 자기 본성을 찾고 진정한 자신을 발견해야 한다. 많은 사람들이 괴로워하고 우울해하지만 사실 그건 스스로를 어떤 신분이라는 틀 안에 가두어 놓기 때문인 경우가 많다.

화가 났을 때 당신은 지옥에 있는 것과 같다

근본적인 관점에서 보면, 부처는 외부의 신이 아니라 바로 우리 안에 있는 자신의 본성이다. 부처의 삼신이 신비한 얘기인 것 같지만 법신과 보신은 자기 본성이자 자기가 지은 업의 작용일 뿐이다. 그러므로 불타는 집에서 빠져나가고 고통에서 벗어나 성불하는 것은 부처의 힘이 아니라 자신의 깨달음을 통해서, 다시 말해 자기 스스로 자기 본성을 찾아내야만 가능한 일이다.

《법화경》에 등장하는 화려한 장면들은 공상과학영화보다도 더 상상력이 풍부하며, 따라서 속세에 존재하는 그 어떤 사물로 이해하기보다 정신적인 측면에서 받아들여야 한다. 예를 들면 관세음보살은 그저 자비심의 상징일 뿐이며 관세음의 이름을 부르는 것은 우리 내면에 있는 자비심을 환기시키는 것이다.

육도윤회 역시 의식의 작용으로 이해할 수 있다. 당신의 마음이 분노로 가득 차 있을 때 당신은 지옥에 있는 것이고, 욕심으로 가득 차 있다면 당신은 아귀이며, 어리석음으로 가득 차 있을 때 당신은 곧 축생(동물)이다. 또 당신이 자기중심적인 생각만 한다면 아수라이고, 이 네 가지를 모두 가졌으나 적절히 억제하는 지혜를 발휘할 수 있을 때는 인간이며, 마음이 기쁨으로 충만할 때는 천상에 있는 것이다. 이른바 육도윤회는 우리 마음속에 있는 여섯 가지 상태가 변화해 각기 다른 환경을 만들어 내는 것으로 이해할 수 있다.

이렇게 볼 때, 《법화경》에서 말하는 삼신은 사람들이 불교의 기본 교리를 더 쉽게 이해할 수 있도록 하기 위한 개념이다. 어려운 개념인 자성(自性)을 사람들이 쉽게 이해할 수 있도록 법신불로 형상화시켜 시공간을 자유롭게 넘나드는 부처로 설명한 것처럼 말이다.

《법화경》에는 부처가 신통력을 발휘하는 장면이 자주 등장하지만, 그렇다고 부처의 신통한 능력만이 우리를 해탈시킬 수 있다는 뜻은 아니다. 《법화경》〈신해품〉에서 부처의 제자가 자기 집에 헤아릴 수 없을 만큼 재물이 많은데도 그걸 모른 채 가난하게 타향을 떠돌아다니며 고통스럽게 사는 사람의 이야기를 한다. 이 이야기가 불타는 집 이야기를 보충하는 역할을 한다. 불타는 집에서 빠져나간 뒤 우리가 가는 곳은 다른 곳에 있는 정토도, 멀리 있는 극락세계도 아니다. 바로 자기 집이다. 자기 자신으로 돌아가는 것이야말로 최종적인 해탈이라는 뜻이다.

그래서 《법화경》을 보면 부처가 모든 제자에게 수기(授記, 부처가 수행자의 미래를 예언하거나 약속하는 것)를 해 주면서 그들이 훗날 반드시 성불할 것이라고 말해 준 것이다. 심지어 적대 관계에 있는 조달에게도 무량겁(헤아릴 수 없이 긴 시간)에 성불할 것이라고 예언했다. 누구를 만나든, 상대가 부처를 어떻게 대하든 상관없이 모두에게 반드시 성불할 것이라고 말해 주었다.

《법화경》에는 한 가지 커다란 가르침이 반복해서 등장한다. 부처는 당신 밖에 있는 것이 아니라 당신 마음속에 있다. 자신을 찾는 것이 바로 부처를 찾는 것이다. 설령 우주선을 타고 우주로 올라간다고 해도 당신 마음이 깨끗하지 않고 차분하지 않으면 부처를 찾을 수 없고, 절의 불상 앞에 엎드려 있더라도 자신이 어디에 있는지 모른다면 부처를 찾을 수 없다.

'불경 중의 왕', 《법화경》의 의의

예로부터 《법화경》은 불경 중의 왕이라고 불렸다. 석가모니는 자신이 가지고 있는 모든 불법과 신통력을 《법화경》에 남겨 놓았다.

인도의 성인 간디는 《법화경》이 "인간에게 내재되어 있는 우주만큼 거대한 힘을 궁극적으로 표현한 것이자 우주의 지고한 음률이 연주하는 생명 그 자체"라고 말했다. 무협 작가 김용도 《법화경》을 "위대한 문학"이라고 칭송했다. 《법화경》의 서술 방식은 매우 문학적이다. 희곡의 구조를 가지고 있을 뿐 아니라 아름다운 장면 묘사와 엄격한 논리적 맥락도 가지고 있다.

《법화경》은 매우 일찍 중국에 전파되었으며, 256년 인도 승려 지강량접이 번역한 《법화삼매경(法華三昧經)》 6권, 266년 둔황 승려 축법호가 번역한 《살담분타리경(薩曇芬陀利經)》 6권, 286년 축법호가 번역한 《정법화경(正法華經)》 10권, 335년 지둔이 번역한 《방등법화경(方等法華經)》 5권, 406년 구마라십이 번역한 《묘법연화경》 7권(나중에 8권이 됨), 601년 인도 승려 달마급다가 번역한 《첨품법화경(添品法華經)》 7권까지 총 6가지 판본이 있는 것으로 알려져 있다.

하지만 지금까지 전해지고 있는 건 이중 《정법화경》, 《묘법

연화경》,《첨품법화경》세 종뿐이다. 이 세 종 가운데 구마라십
의《묘법연화경》이 가장 널리 읽힌다. 구마라십 번역본은 7권
28품으로 구성되어 있다.

제1장 〈서품(序品)〉
제2장 〈방편품(方便品)〉
제3장 〈비유품(譬喩品)〉
제4장 〈신해품(信解品)〉
제5장 〈약초유품(藥草喩品)〉
제6장 〈수기품(授記品)〉
제7장 〈화성유품(化城喩品)〉
제8장 〈오백제자수기품(五白弟子授記品)〉
제9장 〈유학무학인기품(授學無學人記品)〉
제10장 〈법사품(法師品)〉
제11장 〈견보탑품(見寶塔品)〉
제12장 〈제바달다품(提婆達多品)〉
제13장 〈권지품(勸持品)〉
제14장 〈안락행품(安樂行品)〉
제15장 〈종지용출품(從地涌出品)〉
제16장 〈여래수량품(如來壽量品)〉
제17장 〈분별공덕품(分別功德品)〉

제18장 〈수희공덕품(隨喜功德品)〉

제19장 〈법사공덕품(法師功德品)〉

제20장 〈상불경보살품(常不輕菩薩品)〉

제21장 〈여래신력품(如來神力品)〉

제22장 〈촉루품(囑累品)〉

제23장 〈약왕보살본사품(藥王菩薩本事品)〉

제24장 〈묘음보살품(妙音菩薩品)〉

제25장 〈관세음보살보문품(觀世音菩薩普門品)〉

제26장 〈다라니품(陀羅尼品)〉

제27장 〈묘장엄왕본사품(妙莊嚴王本事品)〉

제28장 〈보현보살권발품(普賢菩薩勸發品)〉

구마라십에 관해서는 《금강경》의 지혜를 해설한 나의 전작 《초조하지 않게 사는 법》에서 이미 소개했으므로 반복하지 않겠다. 그는 생전에 수많은 불경을 번역했으며 입적할 때 이런 말을 남겼다.

"내가 비록 파계하여 처를 얻었지만 불경을 번역할 때는 절대로 부처의 뜻을 거스르지 않았다. 만약 내 번역이 부처님의 원래 뜻과 일치한다면 나를 화장할 때 내 혀는 타지 않을 것이다."

과연 그를 화장하자 온몸이 불에 타 재가 되었지만 혀만 온전하게 남았고 그 위에 푸른 연꽃이 피어나 밝은 빛을 내뿜었다. 물론 이건 그저 전설일 뿐이다.

법화경 마음공부 제 1 강
왜 인생이 고통인가?

불타는 집 이야기

《법화경》 속으로

"집에 불이 나면
문을 찾아 빠져나와야 한다"

부처가 사리불에게 말했다.

"내가 예전에 세상 모든 부처가 갖가지 인연과 비유, 교묘한 이야기와 방편으로 설하는 것이 모두 무상정등정각(無上正等正覺, 더 없이 바른 깨달음)을 위한 것이고, 보살이 무상정등정각의 지혜를 얻도록 교화하기 위한 것이라고 말하지 않았느냐? 그것은 모두 보살에게 하는 말이다. 이제 내가 다시 비유를 들어 이 이치를 설명하겠다. 지혜를 가진 사람들은 이 이야기에서 깨달음을 얻을 수 있을 것이다."

그런 다음 부처가 이런 이야기를 들려주었다.

"사리불아, 옛날 어느 나라의 한 마을에 부유한 노인이 살았다. 그는 헤아릴 수 없이 많은 재산과 너른 논밭을 가지고 있었다. 그런데 으리으리한 저택에 대문이 하나밖에 없고 집 안에 일백 명, 이백 명, 심지어 오백 명의 사람들이 살고 있었다. 집이 너무 낡아서 벽과 담이 허물어지고 기둥과 대들보가 썩어 언제라도 무너질 듯 위태로웠다.

그 집에 갑자기 불이 나 사람들이 불길에 에워싸였지만 그 노인만 집에 불이 난 것을 보았을 뿐 다른 이들은 보지 못하고 평소처럼 장난치며 놀고 있었다. 노인 혼자라면 멀쩡하게 문으로 나갈 수 있겠지만 자식들은 어떻게 데리고 나갈 것인가? 불타는 집에 있는 자식들은 자신들이 살고 있는 곳이 훨훨 타고 있다는 것도 모른 채 고통스러워하면서도 밖으로 나가려는 생각을 하지 못했다.

사리불아, 노인이 '나는 아직 힘이 있으니 옷 담는 상자나 책궤에 아이들을 담아 데리고 나가리라' 하고 생각했다가 다시 '이 집에 문이 하나뿐이고 문으로 가는 길도 좁은데다가 어린 자식들이 아직도 놀고 싶어 한다. 만일 어린 아이들이 넘어지기라도 하면 불에 타 버릴 것이다. 그러니 아이들 스스로 빠져나가게 해야 한다'고 생각했다. 그래서 노인은 자식들에게 집이 불타고 있으니 어서 빠져나가라고 외쳤다. 좋은 말로 타이르고 달랬지만 어린 자식들은 그 말을 믿지 않고 노는 데만 정신이 팔려 집에서 나가려고 하지 않았다. 불이 무엇인지도 모르고 집이 불타는 것이 무엇인지도 몰랐으며 재난이 무엇인지도 몰랐다. 그저 계속 뛰어다니며 노인을 바라보기만 했다.

집이 계속 불타고 있는데 자식들이 나가려 하지 않으니 이를 어떻게 할 것인가? 노인은 자식들이 문으로 빠져나가게 만들 방법을 생각해 냈다. 자식들이 장난감을 좋아한다는 걸 알고 있는 노인이 자식들에게 말했다.

'지금 바깥에 양이 끄는 수레, 사슴이 끄는 수레, 소가 끄는 수레가 있고 그 수레에 여러 가지 진귀한 보물과 너희가 좋아하는 장난감이 가득 실려 있는데 어서 나가지 않고 뭣 하고 있느냐? 집에서 빨리 나가기만 하면 너희들이 달라는 대로 다 주겠다.'

좋아하는 보물이 있다는 말에 여러 자식들이 기뻐하며 앞다투어 불타는 집에서 뛰쳐나왔다. 여러 자식들이 안전하게 밖으로 나와 바닥에 앉아 있는 것을 보고 노인이 속으로 몹시 기뻤다. 그때 자식들이 노인에게 물었다.

'아버지께서 주신다던 양이 끄는 수레, 사슴이 끄는 수레, 소가 끄는 수레는 어디에 있나요? 어서 주세요.'

사리불아, 그러자 노인이 자식들에게 똑같이 큰 수레를 나누어 주었다. 크고 높은 수레가 여러 가지 보배로 장식되어 있고 사방에 난간을 두르고 풍경이 달려 있었으며 진귀한 보물로 아름답게 꾸며진 휘장은 위엄이 넘쳤다. 보배로 된 줄을 얽어 그물처럼 드리우고 화려한 띠를 매달았으며 푹신한 자리가 겹겹이 깔려 있고 붉고 아름다운 베개도 놓여 있었다. 흰 소에게 그 수레를 끌게 했는데 소는 털에 윤기가 흐르고 몸이 수려하고 튼튼했으며 걸음에 힘이 있고 달릴 때는 바람같이 빨랐다. 또 호위하는 시종도 여럿이나 있었다. 노인의 재물이 헤아릴 수 없이 많았기 때문에 그렇게 할 수 있었던 것이다.

자식들이 불타는 집에서 뛰쳐나온 걸 보고 노인은 모두에게 똑같이 흰 소가 끄는 칠보 수레를 주기로 결심했다. 그렇게 해서 자식들이 각각 큰 수레에 올랐는데 그건 그들이 본 적도 없고 가질 엄두도 내지 못하던 훌륭한 수레였다.

사리불아, 네 생각은 어떠하냐? 이 노인이 자식들에게 진귀한 장난감을 주겠다고 약속한 것이 허망한 거짓말이었다고 생각하느냐?"

사리불이 대답했다.

"그렇지 않습니다, 세존이시여. 그 노인이 자기의 자식들이 화재를 면하게 하여 생명을 지켜 준 것만으로도 허망하지 않습니다. 생명을 지켜서 진귀한 보물을 얻었기 때문입니다. 게다가 노인이 교묘한 방법으로 불타는 집에서 빠져나오게 하여 자식들을 구하지 않았습니까? 세존이시여. 설령 노인이 작은 수레 하나도 주지 않는다 해도 허망한 거짓말이 아닙니다. 노인이 처음부터 '내가 교묘한 방법으로 불타는 집에서 자식들을 구해야겠다'라고 생각했기 때문입니다. 이것만으로도 허망한 거짓말이라고 할 수 없습니다. 하물며 노인이 자기 재물이 한없이 많음을 알고 모든 자식들에게 똑같이 큰 수레를 나누어 주지 않았습니까?"

부처가 말했다.

"그렇다. 바로 네 말대로다. 여래도 또한 그와 같아서 세상 모든 중생의 아버지다. 중생의 두려움과 슬픔, 고뇌, 근심, 어둠을 조금도 남김없이 없애고 무한한 지혜를 갖추었으며, 부처의 열 가지 신력(神力)과 부처의 네 가지 무외(無畏)를 가졌다. 또한 신통력과 지혜의 힘, 방편과 지혜의 바라밀다를 가졌고, 대자대비에 게으름이 없으며, 쉬지 않고 중생을 교화하고 항상 모든 중생에게 이롭게 한다.

그러므로 여래가 삼계라는 이 낡고 썩은 불타는 집에서 태어난 것은 생로병사와 근심, 고뇌, 어리석음, 아둔함, 삼독(三毒, 세

가지 근본적인 번뇌인 욕심, 성냄, 어리석음)의 거센 불길에서 중생을 제도하고 교화해 무상정등정각을 얻게 하기 위함이다.

많은 중생이 생로병사와 근심, 슬픔, 고통, 번뇌에 시달리고, 색, 성, 향, 미, 촉 다섯 가지 욕망으로 인해 갖가지 고통을 받으며, 죽은 뒤에는 또 지옥, 축생, 아귀의 고통을 받는다. 설령 하늘이나 인간 세상에서 태어나더라도 가난과 이별, 원망과 미움으로 고통받는다. 한마디로 삼계는 고통의 바다인데, 중생은 그 고통 속에 빠져 있으면서도 즐겁게 노느라 깨닫지 못하고 알지도 못하며 놀라거나 두려워하지도 않고 싫증내지도 않고 해탈을 구하지도 않으며 삼계의 불타는 집에서 동서로 뛰어다닌다. 큰 고통을 받으면서도 그것이 환난이라는 걸 모른다.

사리불아, 여래가 이 모든 것을 보고 '나는 중생의 아버지이니 저들을 고통에서 구하고 무한한 불교의 지혜와 즐거움을 주어 그들이 대승불법 속에서 즐겁게 노닐게 해야겠다'고 생각했다.

사리불아, 여래는 또 이런 생각을 했다.

'만일 내가 방편을 버리고 신통력과 지혜의 힘만으로 중생에게 여래의 지혜와 신력, 무외를 찬미하면 중생을 구할 수 없을 것이다. 중생이 생로병사와 근심, 슬픔, 고뇌에서 벗어나지 못하고 삼계라는 불타는 집에서 거센 불길에 휩싸여 있으니 어떻게 부처의 지혜를 알 수 있겠는가?'

사리불아, 저 노인이 몸에 기운이 있으나 쓰지 않고 은근한 방편을 이용해 여러 자식들이 불타는 집에서 빠져나오게 한 뒤에 진귀한 수레를 준 것처럼 여래도 비록 신력이 있고 두려움이 없지만 그것을 쓰지 않고 지혜와 방편으로 삼계의 불타는 집에서 중생을 제도하려고 했다. 그리고 그들에게 각각 성문승, 연각승, 보살승에 대해 얘기하면서 이렇게 말했다.

'삼계의 불타는 집을 즐거운 곳으로 생각하지 말고, 누추하고 썩어 가는 번뇌의 화택을 탐하지 말며, 색, 성, 향, 미, 촉 다섯 가지 욕망을 탐내지 말라. 그것들을 탐내면 욕망의 불길에 타 버릴 것이다. 어서 삼계에서 빠져나와라. 그러면 삼승, 즉, 성문승, 연각승, 보살승을 얻을 것이다. 이것이 헛된 거짓말이 아니라고 장담할 수 있다. 너희는 그저 부지런히 수행하기만 하면 도달할 수 있을 것이다.'

여래가 이렇게 방편을 써서 중생을 불타는 집에서 빠져나오게 한 뒤 그들에게 말했다.

'이 삼승법은 모든 부처가 칭찬하는 것으로 자유롭게 소요하고 얽매이지 않으며 아무것도 구하지 않는 것임을 너희는 알아야 한다. 이 세 가지 수레를 타기만 하면 무루근(無漏根), 오력(五力), 칠각지(七覺支), 팔정도(八正道), 사선(四禪), 팔정(八定), 팔해탈(八解脫), 삼매(三昧) 등의 수행 방법으로 스스로 즐길 것이며 삼계의 고통에서 벗어나 무한한 안락함을 누리고 열반과 해탈에

들어간 무한한 즐거움을 얻을 것이다.'

사리불아, 만약 어떤 중생이 안으로 지혜가 있어서 부처님을 따라 불법을 듣고 굳게 믿고 부지런히 정진하며 삼계의 고해에서 빨리 뛰쳐나와 열반을 구하려고 한다면, 그는 성문승이다. 그는 노인의 자식들 가운데 양이 끄는 수레를 얻으려고 불타는 집에서 나온 자식과 같다.

만약 어떤 중생이 부처님을 따라 법을 듣고 굳게 믿고 부지런히 정진하며 진리를 스스로 깨닫고 얻고자 하고 홀로 조용히 있는 것을 좋아하며 세상 모든 것에 열두 가지 인연이 있음을 깊이 안다면, 그는 연각승이다. 그는 노인의 자식들 중 사슴이 끄는 수레를 얻기 위해 나온 자식과 같다.

만약 또 어떤 중생이 부처님을 따라 법을 듣고 힘들게 수행하고 부지런히 정진하며 일체지(一切智), 불지(佛智), 자연지(自然智), 무사지(無師智), 여래의 지혜와 열 가지 신력, 네 가지 무외를 구하고 중생을 한없이 가엾게 여겨 안락하게 하며 천상과 인간 세상의 모든 중생을 이롭게 하고 모든 중생을 구제해 해탈시키려고 한다면, 그는 대승(大乘)이다. 보살이 이런 대승을 구하므로 대보살이라고도 한다. 그는 노인의 자식들 가운데 소가 끄는 수레를 얻기 위해 나온 자식과 같다.

사리불아, 그 노인이 불타는 집에서 무사히 나와 안전한 곳에 도착한 자식들을 보고 자기 재물이 한없이 많음을 생각하여 자식들에게 똑같이 큰 수레를 나누어 주었다. 여래도 그렇다. 모든 중생의 아버지로서 수없이 많은 중생이 여러 가지 방편을 이용해 삼계의 불타는 집에서 빠져나와 두렵고 험한 길을 건너뛰고 열반과 해탈의 즐거움을 얻은 것을 보고 생각하기를 '내게는 무한한 지혜와 열 가지 신력, 네 가지 무외, 여러 부처가 교화한 진리의 법이 있으며 모든 중생은 나의 자식들이다. 그러므로 그들에게 똑같이 대승을 주어야 한다. 어떤 한 사람만 열반을 얻게 하는 것이 아니라 여래의 멸도로써 모든 중생이 진정으로 열반을 얻게 하리라'라고 했다.

　모든 중생이 불타는 집에서 빠져나온 뒤 여래가 그들에게 부처님의 선정(禪定)과 해탈의 도구를 주었다. 그 도구를 통해 중생이 무한한 즐거움을 얻을 수 있다. 이런 선정과 해탈의 도구가 바로 모든 불지(佛地, 부처의 경지)이고 여러 부처가 칭찬하는 바이며 깨끗하고 절묘한 즐거움을 준다.

　사리불아, 그 노인이 처음에는 각각 양, 사슴, 소가 끄는 세 가지 수레로 자식들을 밖으로 나오게 한 뒤에 그들에게 똑같이 화려하게 장식된 크고 안락한 수레를 주었지만 노인은 허망한 거짓말을 한 것이 아니다. 여래도 마찬가지다. 성문승, 연각승, 보살승의 삼승으로 중생을 인도한 후에 대승, 즉 《법화경》의 심오한 뜻으로 중생을 제도해 해탈하게 했다. 왜 그랬을까? 바로 무한한 지혜와 열 가지 신력, 네 가지 무외, 무한한 가르침이 있어서 모든 중생에게 부처가 될 수 있는 대승의 수행 방법을 알려 줄 수는 있지만 모든 중생이 다 그것을 받아들일 수 있는 것은 아니기 때문이다.

사리불아, 이런 이유로 부처들이 여러 가지 방편을 이용해 유일한 한 가지 불승을 성문승, 연각승, 보살승으로 나누어 말한 것임을 너도 이제 알 것이다."

-《법화경》〈비유품〉에서

인생의 이치는
멀리 있지 않다

집에 불이 나면 문을 찾아 빠져나와야 한다! 이 말은 《법화경》〈비유품〉에 나오는 이야기를 한마디로 정리한 것이다. 이 단순한 이치가 《법화경》의 핵심이며, 불법의 기본 교리도 이 말 한마디에 담겨 있다. 우화 같은 이 이야기는 불교의 가장 유명한 이야기이기도 하다.

돌이켜 보면 내가 처음 《법화경》을 접한 것도 바로 이 이야기를 통해서였다. 어느 날 읽고 있던 책에 이 이야기가 인용되어 있었다. 그 무렵 마침 나도 처음 집을 사서 이사한 뒤 날마다 뿌듯한 기분으로 발코니에 앉아 햇볕을 즐기고 있었으므로 이 이야기에 유난히 마음이 흔들렸다. 고등학생 시절 루쉰의 글에서 철로 된 방에서 잠들어 있는 중국인을 누군가 불러 깨워야 한다는 구절을 읽고 큰 충격을 받은 적이 있다. 그런데 이번에는 부처가 불타는 집에 잠들어 있는 사람들이 문을 찾아 밖으로 나오도록 인도해야 한다고 말하고 있지 않은가. 이 말이 내게 새로운 길을 열어 주는 것 같았다.

그해 여름 나는 《법화경》과 지의선사의 《법화현의》에서 이 불 타는 집 이야기가 나온 대목을 찾아 자세히 읽었다. 단순한 이야기이고 세부적으로 모순되는 부분도 있지만 이 이야기가 전달하고자 하는 의미, 즉, 우리 존재에 대한 인식에 매료되어 깨달음의 여정을 시작했다. 《묘법연화경》과 함께 한 나의 여정이 이 이야기에서 시작된 셈이다.

부처는 이 세상이 불타는 집과 같다고 했다. 플라톤도 비슷한 말을 했다. 그는 "세상은 동굴이다"라고 했다. 세상이 동굴이라면 우리 인간은 어두운 동굴 속에 사는 존재다. 플라톤의 《국가》 제7권에 동굴에 관한 이런 이야기가 나온다.

"동굴에서 사는 사람들을 상상해 보라. 동굴 입구가 활짝 열려 있고 환한 햇빛이 들어오고 있지만 그들은 한자리에 묶인 채 입구를 등지고 벽을 보고 있다. 태어날 때부터 다리와 목에 족쇄가 채워져 있어서 머리를 돌릴 수가 없기 때문이다. 그들 뒤 동굴 밖 높은 곳에서 불이 타오르고 있고 그 불과 그들 사이에 길이 나 있는데 길가에 그림자놀이를 할 때 쓰는 막 같은 얕은 담장이 있다."

플라톤은 소크라테스의 말을 빌려 그 동굴 속 사람들이 사실은 우리 자신, 즉, 이 세상에 살고 있는 사람들이라고 했다. 우리가 동굴 속 사람들처럼 그림자를 보면서 그게 실재라고 믿고 있다는 것이다. 그렇다면 어떻게 해야 그들이 실재를 인식할 수 있을까? 플라톤은 한 가지 가설을 제시했다.

"그들을 묶고 있는 족쇄를 풀어 주자 한 사람이 일어나서는 뒤로 돌아 빛을 따라 밖으로 나갔다고 가정해 보자. 그에게는 모든 것이 고통스러울 것이다. 햇빛이 너무 밝아서 눈앞에 보이던 그림자의 실물을 볼 수가 없기 때문이다. 그 후 빛에 점점 익숙해지면 밝은 빛 아래에서 모든 걸 볼 수 있게 된다. 제일 처음 그의 눈에 들어오는 건 그림자일 것이고, 그다음에는 잔잔한 물 위에 거꾸로 비친 사람과 사물이 보일 것이며, 마지막에야 그 물체들의 실물을 보게 될 것이다. 그는 또 빛이 태양에서 나오고, 태양이 이 세상에 사계절을 만들고 시간의 흐름을 만들며 세상 만물을 주재하고 있음을 발견할 것이다."

플라톤은 사람이 동굴 속에서 족쇄에 묶인 채 살고 있기 때문에 그림자밖에 볼 수 없다고 했고, 부처는 사람이 낡은 집에 살면서 그 집이 세상의 전부라고 생각하고 허황된 목표에 생명을 소모시키고 있으며 그 집에 불이 난 것도 모르고 진정한 목표가 밖에 있다는 것도 모른다고 했다.

플라톤과 석가모니는 사람의 삶이 실은 매우 어둡기 때문에 어둠을 비춰 주는 빛이 있어야 모든 것을 환히 볼 수 있다고 생각했다. 이것이 《법화경》의 도입부에서 부처가 무한한 시간의 강에서 다양한 화신으로 세상에 나타나는데 그 이름이 일월등명불(日月燈明佛)이라고 한 이유이기도 하다. 해(日), 달(月), 등불(燈) 모두 빛을 발산하는 존재이다.

플라톤은 사람들이 족쇄에서 벗어나 밝은 빛과 밝은 태양을 보게 해야 한다고 했다. 햇빛이 비추는 곳에서만 사물의 실재를 볼 수 있기 때문이다. 부처도 해, 달, 등불처럼 밝은 것들만이 어두운 방을 환하게 비추어 사람들에게 그곳에 있는 문을 보여 준다고 했다. 그 문으로 나가기만 하면 누구나 무한한 자유를 누릴 수 있다.

플라톤은 태양, 즉 밝음이 곧 진리이자 선한 이데아라고 해석했다. 그의 해석을 적용한다면 끝없는 과거부터 지금까지 줄곧 일월등명불이 불법을 알리고 있었다는 부처의 말은 부처의 이치가 늘 세상에 있었다는 것을 의미한다. 부처의 이치는 늘 그곳에 있었으며, 우리가 그걸 깨닫는 순간 부처가 나타난다는 것이다.

일월등명불은 부처가 말하는 이치를 상징한다. 이것을 불법, 즉, 부처가 발견한 진리 또는 이 세상의 진실에 관한 비밀, 생명에 관한 비밀이라고 바꾸어 말할 수도 있다. 이것들은 갑자기 생겨난 것이 아니라 석가모니 이전에도, 또 이후에도 계속 그곳에 있었다. 다만 사람들이 세상의 욕망에 정신을 빼앗겨 그것들을 보지 못한 채 가상 속에서 동분서주했던 것이다.

우리가 이치를 깨닫기만 하면 언제든 일월등명불이 우리 앞에 나타난다.

> **인생의 이치는 멀리 있는 것도,
> 새로 발견해야 하는 것도 아니다.
> 그저 깨닫기만 하면 된다.
> 바로 여기, 언제나 있었음을.**

삼계육도에 갇힌
시시포스들의 숙명

사람들이 불타는 집에 살고 있다는 부처의 말에는 두 가지 의미가 있다. 하나는 사람들이 집 안에 살고 있다는 것이고, 또 하나는 그 집에 불이 났다는 것이다. 이 말을 듣고 어쩌면 당신은 이렇게 말할지도 모른다.

"흠, 나쁘지 않아. 집에 살고 있어도 자유로우니까 말이야. 집 안에서 자유롭게 돌아다닐 수도 있고 밖으로 나가 숲과 호수에서 산책을 하고 광장도 거닐고 다른 집에도 갈 수 있잖아."

하지만 부처는 연민이 가득하지만 단호한 표정으로 당신에게 말한다. 당신이 이 세상 안에 있다면 아무리 하늘로 올라가든 바다 위를 날든 집 안에서 벗어나지 못한 것이라고 말이다. 한마디로 당신은 자유가 없는 죄수와 같다. 당신이 그 자리에 앉아 이유를 고민해 보려고 하면 부처는 또 당신에게 말할 것이다. 당신이 어디에 있든 그곳은 삼계라는 집이라고.

이 집은 욕계, 색계, 무색계로 나누어져 있다. 욕계란 무엇일까? 음욕과 탐욕에 지배되는 세계, 즉, 가장 저급한 세계다. 색계란 무엇일까? 욕망을 떨쳐내고 깨끗한 경지에 도달했지만, 아직 정신적 차원에는 도달하지 못한 물질적 세계다. 이 색계는 다시 사선(四禪) 십팔천(十八天)으로 나눌 수 있다. 무색계는 물질을 초월한 순수한 정신적 세계로 최고의 영역이다. 억지스럽기는 하지만 굳이 비유하자면, 욕계는 본능과 비슷하고 색계는 자연과 비슷하며 무색계는 영성(靈性)과 비슷하다. 부처는 모든 인간은 이 세 가지 특징이 합쳐진 존재이며, 이 세 가지 차원을 오가며 살고 있다고 했다.

세 가지 차원을 오갈 때 인간의 생명이 육도, 아귀, 축생, 아수라, 인간, 천상의 여섯 가지 구체적인 형태를 지니게 되는데, 이를 육도라 한다. 보통 사람들이 볼 수 있는 건 축생도와 인간도이고, 지옥도, 아수라도, 아귀도, 천상도는 사람이 볼 수 없다. 비록 본 적은 없지만 아마 많은 이들에게 익숙한 이름일 것이다.

어릴 적 할머니가 "이런 짓 하면 지옥에 가"라고 말씀하시는 걸 자주 들었다. 지옥은 아주 무시무시한 곳이며 잘못을 저지르면 죽어서 지옥에 떨어진다. 심지어 혜능은 잠깐 나쁜 생각을 하는 것만으로도 지옥에 떨어진다고 했다. 그러므로 항상 깨끗한 마음을 유지하는 게 중요하다.

지옥과 반대되는 곳은 천상이며 모든 사람들이 동경하는 곳이다. 여름밤 강가에서 바람을 쐬며 산책할 때면 별이 뜬 하늘을 올려다보며 신선이 살고 있고 아름다운 보석이 가득 쌓여 있는 모습을 상상한다. 하늘에서는 일하거나 학교에 다닐 필요가 없고 가난도, 고통도 없다. 그래서 사람들은 언젠가는 천상으로 통하는 입구를 찾을 수 있기를 소망한다. 물론 천상으로 올라갈 수 있는 사람은 극소수에 불과하다. 나머지 대부분은 아침저녁으로 인간 세상에서 부대끼며 분주하게 살아간다. 가끔은 인생이 행복하다고 생각하지만, 또 때로는 한없이 암담하고 우울하다.

우리 인간과 함께 이 세상에 있는 건 동물들이다. 동물들이 인간과 함께 지구 곳곳에 살고 있다. 하지만 불행하게도 그것들은 인간에게 잡아먹히거나 애완동물이 된다. 우리 눈에 보이지 않지만 동물과 사람 사이에 아수라라고 불리는 세계가 있다. 그 세계에는 동물성과 인성이 섞여 있으며 싸움이 그치지 않는다.

지옥에서 천상까지 층층이 올라가는 점층적 구조를 하고 있지만, 무작정 한 방향으로만 이동하는 것은 아니며 어느 쪽으로든 갈 수 있다. 천상의 경지에 올라갔다가도 지옥으로 떨어질 수 있다. 생과 사의 속박에서 결코 빠져나갈 수 없는 것이다. 이것이 바로 윤회다. 우리 마음속에 연꽃이 피기 전까지 이 세상에서 바쁘게 뛰어다니며 살 수밖에 없다. 아무리 뛰쳐나가려 해도 삼계를 벗어날 수 없고, 아무리 떠나려 해도 육도를 떠날 수가 없다.

우리 마음속에 연꽃이 피기 전까지 우리는 세 가지 차원 속 여섯 개 길 위를 수없이 반복해서 오고 가야 한다. 어찌 보면 인간의 처지가 산꼭대기로 바위를 밀어 올리고 바위가 굴러 떨어지면 또 밀어 올리며 영원히 고통받는 시시포스를 떠올리게 한다.

**우리는 모두 시시포스다.
바위를 밀어 올리고,
굴러 떨어지면 또 밀어 올리고.
고통은 숙명이다.**

영원히 이룰 수 없는
네 가지 소원

부처는 우리가 살고 있는 집에 불이 났다고 했다. 이 말을 듣고 당신은 이렇게 말할 것이다.

"내가 사는 집은 아주 튼튼하고 아늑해. 불타고 있는 곳은 눈을 씻고 찾아봐도 없어."

하지만 부처는 또 연민이 가득하지만 단호한 표정으로 말할 것이다. 당신 집에 세 개의 구역과 여섯 개의 길이 있는데 그 모든 곳이 활활 불타고 있다고 말이다. 어떤 불이 타고 있는 걸까? 부처는 《법화경》에서 이렇게 말했다.

"뭇 괴로움이 가득하니 심히 두렵다. 항상 생로병사의 우환이 있고 솟구치는 불길같이 맹렬히 타오르며 그칠 줄 모른다."

부처가 말한 불이란 바로 갖가지 고통이었던 것이다. 부처는 말했다.

"여러 중생이 생로병사와 우비고뇌(憂悲苦惱, 근심, 슬픔, 고통, 번민)에 불태워지고, 다섯 가지 욕망과 재물을 구하는 탓에 갖가지 고통을 받으며, 또 탐하고 구하느라 현세에서 여러 가지 고통을 받다가 후세에는 다시 지옥, 축생, 아귀의 고통을 받는다. 천상이나 인간 세상에 태어난다 해도 빈궁하고 곤란하며, 사랑하는 사람과 이별하는 괴로움, 원망하고 미워하는 사람과 만나는 괴로움 등 온갖 고통이 있다."

세상에 사는 것은 고해와 같고 고통의 불길 속에서 사는 것과 같다고 했다. 그래서 불교에 "고해는 끝이 없으며 깨달으면 곧 피안이다"라는 말이 있다.

부처는 세상의 진정한 모습이 곧 고통이라고 했다. 이것을 고통에 관한 진리, 즉, 고제(苦諦)라고 한다. 부처가 녹야원에서 처음으로 다섯 비구들에게 설법을 할 때 제일 먼저 고제에 대해 말했다.

"비구들아! 여기에 성스러운 고제가 있다. 태어나는 것도 괴로움이요, 늙는 것도 괴로움이요, 병드는 것도 괴로움이요, 죽는 것도 괴로움이다. 좋아하지 않는 이를 만나는 것도 괴로움이요, 사랑하는 것과 헤어지는 것도 괴로움이요, 원하는 것을 얻지 못하는 것도 괴로움이다. 요컨대 오취온(五取蘊)이 모두 괴로움이다."

여기에서 훗날 생고(生苦), 노고(老苦), 병고(病苦), 사고(死苦), 애별리고(愛別離苦), 원증회고(怨憎會苦), 구부득고(求不得苦), 오성음고(五盛陰苦)의 여덟 가지 괴로움(八苦)이 생겨났다.

괴로움이 있다면 당연히 즐거움도 있다. 하지만 모든 것은 결국 괴로움이다. 그 어떤 즐거움도 결국에는 사라지고 무상하게 변화하기 때문이다. 부처가 아직 정반왕의 왕자였을 때 그의 아버지가 그의 출가를 만류하자 그가 아버지에게 말했다.

"제가 원하는 것 네 가지를 들어주신다면 출가하지 않겠습니다. 첫째, 늙지 않는 것, 둘째, 병에 걸리지 않는 것, 셋째, 죽지 않는 것, 넷째, 모든 것이 사라지지 않는 것입니다."

국왕인 그의 아버지도 그 네 가지 소망은 들어줄 수가 없었다. 그로부터 수천 년이 흘러 인간의 과학기술이 상상을 초월할 만큼 발달했지만, 우리는 여전히 생로병사의 고통을 벗어나지 못했다. 의학으로 고치지 못하는 병도 있고 예전에는 없던 병이 새로 생겨나기도 하며 아무리 몸에 좋은 것을 먹어도 결국에는 죽는다. 모든 사람은 늙고 그 어떤 사물도 결국에는 사라진다.

인간의 마음속에는 여전히 욕심, 성냄, 어리석음이라는 세 가지 불이 거세게 타오르고 있다. 끝없이 갈구하고 더 많이 가지려 하며 끊임없이 목표를 좇는다. 또 모두 가질 수 없음을 원망하고 분노하며, 갖가지 유혹에 빠져 집착하고 허우적댄다. 마음을 차분히 가라앉히고 가만히 관찰해 보면, 한 나라든 개인이든 욕심, 성냄, 어리석음이라는 세 가지 감정에 지배당하고 있음을 알 수 있을 것이다. 그토록 많은 전쟁과 혼란, 고통이 모두 이 세 가지 감정에 휘둘린 결과다.

수천 년 전 그 젊은 왕자는 아버지 정반왕에게 결연한 표정으로 "저는 이 집을 나가야만 합니다. 이 집이 불타고 있기 때문입니다"라고 말했다. 그는 이 세상에서 국왕이 될 수는 있지만 생로병사를 벗어날 수는 없고 번뇌를 떨칠 수 없으며 욕심, 성냄, 어리석음의 감정에 휘둘려 불안해하며 살아야 한다는 것을 알고 있었기 때문이다. 그래서 그 집에서 나가 영원한 안정과 평온함을 찾고자 했던 것이다.

> 나의 마음속에는
> 욕심, 성냄, 어리석음이라는 불이
> 거세게 타오르고 있다.
> 이 세 불이 모든 고통을 만든다.

왜 불타는 집에서
떠나지 못하는가

부처는 세상이 커다란 집과 같은데 이 집이 무너질 듯 위태로운 데다가 불이 나서 활활 타고 있다고 했다. 그 집을 빠져나오지 않으면 불길에 휩싸여 타 버릴 것이다. 하지만 대부분의 사람들은 자기 환경에만 매몰되어 살고 있다. 자신이 있는 곳이 세상의 전부인 줄 알거나, 아니면 바깥 세상에 대해 막연한 두려움을 품고 떠나지 않으려 한다.

《장자》에 황비가 된 소녀의 이야기가 있다. 어느 마을에 사는 소녀가 황비로 간택되었는데 궁궐이 무서운 곳이라며 가지 않겠다고 울었다. 하지만 억지로 궁궐로 보내진 소녀는 며칠도

안 되어 자기가 살던 마을에 비하면 궁궐은 천당 같은 곳이라는 걸 알았다. 궁궐에 들어가지 않겠다며 통곡했던 자신이 우습고 부끄러웠다. 그녀가 궁궐에 가지 않겠다며 울었던 것은 태어난 뒤 줄곧 그 마을에서만 살면서 그곳이 세상 전체라고 생각했기 때문이다.

  우리도 이 소녀처럼 떠나는 걸 두려워할 때가 많다. 현재 자신이 있는 환경을 떠나면 살 수 없을 것 같아 두려워하며 떠나지 못한다. 자신이 속한 사회가 주는 귀속감에 길들여져 있는 것이다.

  우리는 두 개의 집에 살고 있다. 바로 가정과 사회다. 우리는 항상 집에 있거나 회사에 있고, 집에 가는 중이거나 일하러 가는 중이다. 집과 집 사이를 분주하게 오가는 것이 우리의 삶이다.

  태어나서 죽을 때까지 무엇을 그리 좇으며 살고 있는가? 화려하고 편안한 집과 번듯한 직장이다. 달팽이처럼 집과 회사를 등에 짊어지고 다닌다. 사실 우리 스스로 집과 직장을 짊어지고 다니기를 원하는 것이다. 의지할 수 있는 무언가가 없으면 불안하기 때문이다. 직장이 사라지고 집도 없으면 세상 전체를 잃어버린 것 같아 어쩔 줄 모르고 발을 동동거리고 우울해한다.

  언젠가 베이징 거리에 한 여자가 벌거벗은 채 철창 안에 앉아 있었다. 철창이 그녀를 싣고 천천히 움직이며 이곳저곳 돌아다녔다. 날마다 쳇바퀴 돌 듯 출퇴근을 반복하며 사는 삶에 대한 반성과 항의의 의미를 담은 행위 예술이었다. 그리 창의적이지는 않지만 일에 염증을 느끼는 현대인의 감정을 표현한 것이었다.

산업사회가 시작된 뒤 사람들은 이상한 패러독스에 빠졌다. 계속 일해야만 생존할 수 있지만 대부분 일에 염증을 느끼고 있다. 일하지 않기 위해 일하고 있으니 아이러니하지 않은가. 19세기 영국 작가 찰스 램은 열네 살부터 36년간 쉬지 않고 일했다. 그가 말년에 쓴 〈정년퇴직자〉라는 수필은 이런 말로 시작된다.

"지긋지긋한 사무실에서 인생의 황금기―빛나는 그대의 청춘을 허송해야 하고, 그 속박의 나날이 중년을 거쳐 은발의 노령에 이르기까지 석방이나 유예의 희망조차 가질 수 없는 것이 그대의 운명이라면, 그대는 정년퇴직자의 심정을 이해할 수 있을 것이다."

램은 또 한창 놀기 좋아할 나이인 열네 살의 아이가 사무실이라는 곳에서 서서히 얌전해져야 했던 것을 이야기하며 "완강히 몸부림치던 야생의 짐승이 철창생활에 안주하게 된 것과 같았다"고 말했다. 또 워즈워스에게 보낸 편지에서는 "책상은 무덤이네. 다른 점이 있다면 사무실 책상 앞에 앉아 있을 때 자네는 그저 부수적인 기계일 뿐이라는 것이지"라고 말했다.

가정을 무덤으로 여기는 사람들도 많다. 사랑의 무덤 말이다. 열정적이고 활기 넘쳤던 연애가 일단 가정이라는 형식으로 고정되면 모든 색채가 퇴색된 것처럼 느껴진다. 처음에는 마음속에 가물거리는 불씨라도 남아 있지만 시간이 지나며 익숙해지면 그저 습관처럼 살게 된다.

성장하는 과정이 마치 야생마가 길들여지는 과정과 같다. 인간의 생명이 사회의 규칙에 따라 돌아가는 기계일 뿐이다. 자아가 어디로 가 버렸는지 아무도 모른다. 램처럼 또렷하게 깨어 있는 사람도 사무실에서 평생을 보냈는데 다른 사람들은 오죽하겠는가. 한평생을 직장이나 사회의 어떤 관계 또는 체계속에서 정력을 남김없이 쏟아붓는다. 자기 인생에 얼마나 많은 가능성이 있는지 생각조차 하지 않은 채로.

> **일하지 않기 위해 일하고 있으니
> 이 얼마나 아이러니한가!
> 왜 지금 바로 떠나지 못하는가?**

도피는
진정한 해탈이 아니다

　집이 불타고 있는 줄 모르는 것도 문제지만, 그 집이 사실은 감옥인 줄도 모르고 하나뿐인 드넓은 세상이라고 착각하며 그 안에서 자신을 소모시키는 것이 더 큰 문제다. 집이 불타고 있는데도 두려워하지 않고 그 속에서 신나게 놀고 있다.
　많은 사람들이 의미 있다고 생각하는 무언가를 좇으며 평생을 살아간다. 제각각 추구하는 것은 다르겠지만 '성공'이라는 말로 통칭할 수 있다. 태어나서부터 죽을 때까지 사람들은 성공을 향해 자신을 오롯이 쏟아붓는다. 좋은 학교에 들어가고 수시로 시험을 치며 자신의 가치를 점수로 확인하려고 한다.

시험에서 몇 점을 받았는지 부모나 다른 사람들에게 보고해야 한다. 대학을 졸업하면 또 열심히 돈을 벌어야 한다.

  철학자 짐멜은 일찍이 이 시대의 신은 곧 돈이라는 걸 알았다. 우리가 무엇을 하든 결국 우리 가치를 결정하는 건 돈이 얼마나 많은가다. 그러므로 학자든 예술가든 상인이든 정치가든 자신이 하는 일을 그럴 듯한 말로 포장하지만 사실은 모두 돈을 좇으며 살고 있다.

  사회는 냉혹한 곳이다. 사회가 사람을 판단하는 기준은 오직 하나, 성공했느냐 실패했느냐다. 성공하기까지 넘어야 할 산도 많고 사람의 힘으로는 어쩔 수 없는 것들도 많지만 성공했다고 해서 행복해지는 건 아니다. 성공하지 못해 절망하든 성공한 후에 찾아온 공허함에 괴로워하든 어느 순간 문득 모든 걸 포기하고 도망치고 싶은 충동이 든다.

  보들레르는 "멀리 떠나자. 그곳은 모든 것이 아름답다…"라고 했고, 예이츠는 "나 이제 일어나 가리라. 이니스프리 섬으로 가리라"라고 했다. 이백은 더 호방하게 "하늘을 우러러 한바탕 크게 웃으며 문을 나서리"라고 했으며, 김용의 무협지 《녹정기》 속 위소보는 "이 몸은 이제 안 하련다"라고 외친 뒤 일곱 아내를 데리고 바다 건너 무인도로 떠났다.

  시나 소설 속에서는 훌훌 떠날 수 있지만, 현실에 살고 있는 우리가 갈 수 있는 곳은 술집이나 휴양지가 고작이다. 알코올이나 대자연의 품에 안겨 있으면 속세의 모든 것에서 멀리 벗어난 듯 인생이 단순하고 홀가분하게 느껴진다. 하지만 그 시간이 지나면 다시 정해진 궤도로 돌아와야 한다. 짧은 탈출로 신선한 공기를 한 번 들이마셨다고 해서 꽁꽁 묶인 죄수라는 우리의 신분이 바뀌는 것은 아니다. 오히려 감옥에 갇혀 있는 우리 신세를 더 실감하게 된다.

물론 극소수지만 훌쩍 떠난 뒤 돌아오지 않는 사람도 있다. 여행을 떠났다가 티베트나 샹그릴라의 고원에 아예 정착하는 사람도 있다.

어떤 미국인 기자는 갑자기 사표를 던지고 떠난 뒤 홍콩의 작은 뒷골목에 틀어박혀 날마다 술에 파묻혀 살고 있다. 정신을 잃을 만큼 술을 마시고 술이 깨면 또 술을 마신다고 한다. 하지만 TV에서 본 그 중년 미국인은 전혀 알코올중독자 같지 않은 말끔한 인상이었다. 그는 자신이 이미 인생에 통달했다고 말했다.

또 필리핀에서 온 어떤 사람은 어릴 적 돈으로 사랑을 살 수 없다는 것을 알고 돈이 무의미하다는 사실을 깨달았다고 한다. 그래서 그는 아무것도 하지 않고 매일 거리를 어슬렁거리며 돌아다니다가 배가 고프면 구걸을 해서 배를 채운다.

그들은 번화한 홍콩에서 궤도를 벗어난 두 사람이다. 하지만 부처의 시선으로 보면 그들은 그저 명예와 이익에 대한 집착에서 벗어난 사람일 뿐, 최종적인 해탈을 얻은 건 아니다. 그들은 여전히 인간 세상을 벗어나지 못했다. 그건 진정한 해탈이 아니라 도피다.

그렇다면 스스로 목숨을 끊은 사람들은 어떨까? 그들은 정말로 이 불타는 집에서 빠져나간 걸까? 완전한 해탈을 얻은 걸까? 부처는 그 역시 완전한 해탈이 아니라고 말한다. 생사의 윤회를 벗어나지 못하고 죽은 뒤에 다시 환생하기 때문이다.

**사회는 냉혹한 곳이다.
사회가 사람을 판단하는 기준은
오직 하나,
성공했느냐 실패했느냐다.**

관념과 습관이
나를 해치게 하지 말라

훌쩍 떠나서 자유로운 사람이 되는 것은 모든 이의 소망이다. 자유롭고 싶지 않은 사람이 어디 있을까? 이 세상에서 자유로워지는 방법은 적극적인 노력과 소극적인 도피, 이 두 가지밖에 없다. 전자는 사회적 성공에 인생의 의미를 두는 반면, 후자는 속세의 덧없음을 깨닫고 초야에 묻혀 살거나 스스로 생을 마감한다.

하지만 적극적으로 노력하든 소극적으로 도피하든 부처가 말한 진정한 자유를 얻을 수는 없다. 부처는 "너희는 삼계의 불타는 집에 있기를 좋아하지 말고 어서 삼계에서 나오라"라고 했다. 부처의 진정한 뜻은 우리 눈에 보이는 모든 것들이 실은 믿을 수 없는 것들이니 그 속에 빠져 있지 말고 벗어나라는 것이다. 우선 벗어나야 시야가 무한히 넓어지고 가슴이 탁 트일 것이며, 그래야만 자유로워질 수 있다.

 부처는 이 세상과 인간의 모든 관념 속에는 우리 생명이 편안히 머물 곳이 없다고 했다. 따라서 무한히 넓은 바깥세상으로 나가 편히 머물 곳을 찾으려면 우리를 구속하고 있는 이 집의 벽을 뛰어넘어야 한다. 그래서 인도의 한 수행자는 제자가 되기 위해 찾아오는 사람들에게 "당신의 집을 모두 불태운 뒤에 오시오. 집을 불태워야만 아무것도 없는 백지 상태가 될 수 있소"라고 말했다. 그가 말한 집이란 우리의 습속과 관념, 즉, 우리를 속박하고 있는 이 사회의 선입견과 습관을 의미한다. 관념과 습속을 빨리 벗어던져야만 번뇌로 가득한 이 세상을 떠나 자유로워질 수 있다는 뜻이다.
 하지만 부처의 말은 그와는 조금 다르다. 부처는 집에서 빠져나오라고 했지 집을 직접 불태우라고 하지 않았다. 굳이 불태우지 않아도 이미 활활 타고 있기 때문이다. 부처는 불타는 집에서 문을 찾아 빠져나오기만 하면 된다고 했다. 그런데도 사람들은 집에 불이 난 것도 모르고, 설령 알아도 두려워서 빠져나오지 못한다. 습관이 우리를 옭아매고 있거나 우리 스스로 새로운 집이자 감옥을 지었기 때문이다.

동명의 영화로도 유명한 스티븐 킹의 소설 《쇼생크 탈출》을 보면 서술자 '나'가 이렇게 말한다.

"감옥에 들어간 사람은 처음에는 사방이 벽으로 가로막혀 있는 것을 견디기 힘들어하지만 점차 이런 상황을 받아들이고 통제에 중독당한 것처럼 평온한 생활에 순응하게 된다. 이것이 제도화 증후군이다."

하지만 한편으로는 제도가 아무리 강력하고 집이 아무리 빈틈없이 막혀 있어도 날아오르겠다는 꿈만 있으면 불가능한 일을 가능하게 만들 수 있다. 동명의 영화 속 앤디가 27년간 작은 망치 하나로 밖으로 탈출할 통로를 뚫은 것처럼 말이다. 앤디는 왜 그렇게 나가겠다는 집념을 버리지 않았던 걸까? 제도화되길 거부했기 때문이다. 그는 감옥은 자신이 있을 곳이 아니라고 생각했으며 가고 싶은 곳도 있었다. 바로 아름다운 국경 마을 지후아타네호였다.

또 다른 미국 영화 〈업〉은 애니메이션이지만 어른도 볼 만한 영화다. 한마디로 정리하면, 하늘을 나는 것, 평범한 세계를 떠나는 것에 대한 이야기다. 영화에서 복잡한 도시에 있는 작은 집이 하늘로 날아올라 꿈에 그리던 파라다이스 폭포로 날아간다.

영화를 보며 문득 내게도 꿈이 있었다는 사실이 생각났다. 내게도 하늘을 날고 싶다는 꿈이 있었고, 나만의 국경 마을이 있었다. 하지만 언제부터인지 점점 꿈을 잊고, 내게도 날개가 있다는 사실조차 잊어버렸다.

**우선 나를 막아선 모든 관념에서 벗어나라.
그 순간 시야가 무한히 넓어지고
가슴이 탁 트일 것이며,
그래야만 자유로워질 수 있다.**

삶이 원래 이토록 아름다운 것이었나!

부처는 불타는 집 이야기 속 노인이 바로 자신이라고 했다. 노인이 세 가지 수레로 자식들을 유인한 것처럼 부처도 성문승, 연각승, 보살승이라는 교묘한 방법으로 중생에게 불법을 깨우쳐 주었다는 것이다. 그리고 여기에서 부처는 불교사에 한 획을 그은 중요한 말을 한다.

"여래는 일불승(一佛乘)으로 중생을 위해 설법할 뿐, 이승(二乘)이나 삼승(三乘)으로 설법하지는 않는다."

쉽게 말하면, 부처가 예전에 말한 수많은 불법은 모두 진정한 불법을 전하기 위한 수단일 뿐이며 진정한 불법은 오직 하나라는 뜻이다. 진정한 불법이란 무엇일까? 바로 중생이 자신이 본래 가지고 있는 불성을 깨닫고 부처가 되게 하는 것이다.

《법화경》이전에 부처는 부처가 되는 세 가지 방법으로 성문승, 연각승, 보살승의 '삼승'이 있다고 했다. 그런데 그것들이 그저 중생을 유인하기 위한 수단이었으며 진정한 불법은 오직 하나뿐이라고 말한 것이다. 부처가 대승과 소승의 구분을 없애고 과거에 자신이 얘기했던 불법을 모두 합쳐 조화시켰음을 알 수 있다. 성문, 연각, 보살을 세 개의 강줄기라고 한다면 《법화경》을 통해 그 세 줄기 강물을 모두 합쳐 훨씬 넓고 무한한 경지의 바다로 만든 것과 같다. 조금 다른 관점에서 성문과 연각의 물줄기를 보살이라는 큰 강으로 합쳤다고 보는 사람도 있다.

전자가 삼승이 합쳐져 완전히 새로운 불법을 이루었다고 본 것이라면, 후자는 보살승을 유일한 불법으로 보았다는 차이가 있다. 하지만 표현은 달라도 핵심적인 의미는 같다. 수행의 어느 단계에 있든 궁극적으로는 생사의 윤회에서 완전히 벗어나 자아를 잊고 일상 속에서 중생을 구제해야 한다는 뜻이다. 이것이 바로 《법화경》에서 말하는 유일한 성불 방법이며, 이 유일한 문을 열어야만 부처가 될 수 있다.

《법화경》은 일불승이든 일불승이 바탕이 된 대승불법이든 수행의 목적을 넓은 경지로 확대했다. 이로써 수행이 더 이상 사회에서 도피해 홀로 은거하며 좌선하는 것이 아니라, 살면서 찾아오는 수많은 번뇌를 피하지 않고 똑바로 바라보고 모든 원인과 결과를 받아들인 뒤 분명하게 깨닫는 것으로 의미가 넓어졌다.

사람들 사이에 섞여 열심히 살아가면서 번뇌하고 괴로워하는 사람들을 보고 자비심을 발휘해 그들이 번뇌와 고통에서 벗어날 수 있도록 도와주는 것이 바로 수행이며, 남을 구제하는 과정에서 자기 자신도 구원할 수 있다. 이것이 바로 일불승이자 대승불법이다. 철저히 근본으로 돌아가 전체를 바라보고 가장 궁극적인 목표에 집중해야 한다는 의미이기도 하다.

사실 '목표'라는 표현은 적절치 않다. 부처가 말하는 불법에는 목표가 없다. 더 정확하게 말하면 가장 궁극적인 '존재'에 집중해야 한다는 것이다. 왜 그럴까? 부처는 모든 사람이 업으로 연결되어 있기 때문에 자신의 업뿐만 아니라 모든 중생의 공통된 업까지 짊어져야 한다고 생각했기 때문이다. 개인이라도 타인과 무관할 수 없으며 모든 존재가 서로 연관되어 있다. 따라서 중생을 구제해야만 자기 자신을 진정으로 구제할 수 있다.

이것은 가장 완전한 수행이다. 더 이상 개인적인 차원의 수행이 아니라 민족, 인류, 지구, 우주 전체에 대한 관조이자 통찰이다. 단번에 모든 울타리를 부수고 개인의 생명을 무한한 우주로 연장시킨다. 일반적인 철학에서는 세계관을 논하지만 부처의 철학에서는 우주관이라고 해야 한다. 우주 전체의 관점에서 현세와 개인을 바라보기 때문이다. 가장 중요한 것은 존재의 진정한 모습을 꿰뚫어 보고 가장 철저한 수행 방법을 선택하는 것이다. 시시각각 변하는 존재의 모습에 흔들리지 않고 영원함, 광대함, 심오함 속에서 존재 자체를 바라보아야 한다. 그러면 내가 바로 우주가 되고 우주가 바로 내가 된다.

일불승의 이 완전한 통찰은 불교 수행자가 아닌 평범한 사람에게도 교훈을 준다. 차분하게 마음을 가라앉히고 생각해 보면 우리가 알 수 있는 우리 자신의 궁극적인 본질은 현세의 단 한 번뿐인 생명이다. 어떤 인생이든 단 한 번뿐이며 반복될 수 없다. 그러므로 인생을 어느 하나에 국한해서도 안 되고 좁은 틀 안에 가두어서도 안 되며 인생이 고통스러워서도 안 되고 무언가에 집착해서도 안 된다. 무한한 가능성을 가져야 하고 즐거워야 하며 담담해야 한다. 가장 중요한 건 무엇이든 대충하지 말고 철저히 하는 것이다. 일단 피기 시작하면 흐드러지게 만개하는 꽃처럼 자기 존재를 온전히 드러내며 살아야 한다.

하지만 우리 주위를 둘러보면 어둡고 지친 얼굴빛을 하고 어딘가에 얽매여 일그러진 자세로 살고 있는 사람이 많다. 자신이 무엇을 하고 싶은지 모른 채 남들이 하는 대로 끌려다니고 사회가 요구하는 대로 틀에 박힌 생활을 한다. 자신이 무엇이 되고 싶은지도 모르거나 무엇이 되고 싶은지 알지만 익숙한 환경에서 벗어날 용기가 없어서 좋아하지도 않는 일을 하며 살아간다. 기적이 일어나기만 기다리며 하루하루 늙어 간다.

  평범한 우리에게 '완전한 통찰'이란 자신이 무엇이 되고 싶은지, 자신이 할 수 있는 것이 무엇인지 아는 것이다. 자신과 자신이 살고 있는 환경을 정확하게 인식하고 내면의 목소리에 귀를 기울여 미련 없는 인생을 살아야 한다. 말년에 자기 인생을 돌아보며 "나는 후회 없는 일생을 살았다. 생활에 매몰되지 않고 내가 하고 싶은 일을 했다. 정말 아무런 후회도 없다"고 말했던 뒤샹처럼 말이다.

  누구나 세상을 떠날 때 "후회 없는 인생을 살았다"라고 말할 수 있다면 모든 번뇌가 사라지고 모든 생명이 눈부시게 반짝일 것이다. 하지만 현실은 어둡고 우울하다. 이것이 바로 부처가 세상에 온 이유다. 그는 우리에게 가장 완전한 이치를 알려 주고 모든 생명이 가장 완전한 경지에 도달하도록 도와주기 위해 이 세상에 왔다. 그래서 이 혼란스럽고 변덕스러운 시대에 우리가 《법화경》을 만나게 된 것이다. 참으로 기묘한 인연이다. 그의 깨우침을 듣고 가장 심오하고 광대한 빛을 발견한 사람은 이렇게 감탄한다. 생명이란 원래 이렇게 아름다운 것이라고.

일단 피기 시작하면
흐드러지게 만개하는 꽃처럼
자기 존재를 온전히 드러내며
살아야 한다.

법화경 마음공부 제 2 강

어떻게 인생의 고통을 멈출 것인가?

가난한 아들 이야기

《법화경》 속으로

"언젠가는 자신의 집으로 돌아가야 한다"

부처의 제자 수보리 등이 부처에게서 지금껏 한 번도 들어보지 못한 오묘한 불법을 듣고 큰 깨달음을 얻었다. 그들은 자신들의 깨달음을 이런 이야기로 비유했다.

"한 남자가 있었습니다. 그는 어릴 적 아버지를 버리고 집을 나가 타향을 떠돌며 살고 있었습니다. 10년, 20년, 50년을 떠돌아다니며 나이가 들었지만 그는 빈털터리였고 생계를 위해 사방을 돌아다녀야 했습니다. 그렇게 헤매고 다니던 남자가 우연히 고향으로 향하게 되었지요.

그의 아버지도 계속 그를 찾아다니다가 도중에 어느 도시에 머물러 살고 있었습니다. 그의 아버지는 재물이 헤아릴 수 없이 많아 창고에 금, 은, 유리, 산호, 호박, 유리구슬 같은 보물이 가득 차 있고, 코끼리, 말, 소, 양, 수레가 무수히 많았으며, 수많은 하인, 신하, 관리, 백성을 거느리고 있었습니다. 그의 장사가 각국으로 확장되어 천하의 상인과 거간꾼이 항상 그의 집을 오갔습니다.

아버지는 항상 아들을 그리워하면서도 한 번도 다른 사람에게 그런 말을 하지 않았습니다. 그저 마음속으로 혼자 생각하기를 '내가 이미 늙어 몸이 쇠약한데 많은 재물을 맡길 사람이 없구나' 하며 내심 아들을 찾을 수 있기를 바랐습니다.

그런데 품팔이를 하며 수많은 도시와 마을을 돌아다니던 아들이 어느 날 아버지가 살고 있는 도시에 갔다가 우연히 아버지 집에 가게 되었습니다. 멀리서 보니 아버지가 사자 조각으로 장식한 침대에 걸터앉아 있는데, 발밑에 보배로 된 받침대가 있고, 여러 바라문과 귀족과 거사가 공손하게 그를 둘러싸고 있었으며, 천만 냥짜리 장신구를 몸에 걸고 있었습니다. 또한 관리와 백성, 하인이 하얀 불자(佛子)를 들고 좌우에 서 있고, 사자가 조각된 침대는 보배 안장과 화려한 깃발로 장식되어 있었습니다. 바닥에는 향수가 뿌려져 있고, 아름다운 꽃이 흩어져 있었으며, 진귀한 보물이 진열되어 있었습니다. 재물을 주고받는 모든 일을 엄격하게 관리하는 모습이 무척 위엄 있게 보였습니다. 가난한 아들이 그 기세를 보고 자기 아버지인 줄도 모르고 국왕 같은 신분일 것으로 생각하며 두려워했습니다.

'여기는 내가 품팔이 할 곳이 아니다. 나는 역시 가난한 사람들이 사는 곳에 가서 일하는 게 낫겠다. 여기 오래 머물렀다가는 핍박받으며 원치도 않는 힘든 일을 하게 될 것 같구나.'

그는 이렇게 생각하고 서둘러 그곳에서 도망쳤습니다. 그런데 이때 그의 아버지가 자기 아들을 알아보고 크게 기뻐하며 생각했습니다.

'이제 내 재물을 맡길 수가 있겠구나. 항상 아들을 그리워하며 찾았으나 만나지 못했는데 아들이 스스로 왔다니!'

그가 곧 사람을 보내 아들을 데려오게 했습니다. 하인이 달려가 아들을 붙들자 가난한 아들이 놀라 두려워하며 큰소리로 외쳤습니다.

'나는 당신들을 모릅니다. 왜 나를 붙들려고 합니까?'

하인이 강제로 끌고 가려고 하자 그가 더 두려워하며 졸도해 쓰러졌습니다.

멀리서 그 광경을 본 아버지가 하인에게 억지로 붙들어 오지 말고 얼굴에 냉수라도 끼얹어 깨어나게 하라고 했습니다. 왜 그랬을까요? 아들이 도량이 좁고 못나서 부귀한 사람을 가까이하지 못한다고 생각했기 때문입니다. 그래서 천천히 아들에게 깨닫게 해 주려고 하인을 시켜 아들에게 말했습니다.

'너를 놓아줄 테니 네가 가고 싶은 곳으로 가라.'

그러자 아들이 벌떡 일어나 기뻐하며 가난한 마을을 찾아가 품팔이를 하며 살았습니다. 아버지가 아들을 타일러 데려오기 위해 교묘한 방법을 썼습니다. 초라하고 보잘것없어 보이게 꾸민 두 사람을 보내며 그들에게 말했습니다.

'그가 살고 있는 곳에 가서 여기에 일할 곳이 있는데 품삯을 두 배로 주겠다고 해라. 만약 그가 오겠다면서 무슨 일이냐고 묻거든 거름 치우는 일이며 너희도 그와 함께 일할 거라고 해라.'

두 사람이 가난한 아들을 찾아가 그가 시킨 대로 했습니다. 그러자 가난한 아들이 듣고는 미리 돈을 받고 그들을 따라가 거름 치우는 일을 했습니다. 아들이 온 걸 보고 아버지는 가엾고 원망스러운 생각이 들었습니다. 어느 날 아버지가 창가에 서서 멀리서 일하고 있는 아들을 보니 웃통을 벗은 몸이 깡마르고 더럽기 짝이 없었습니다. 아버지가 자기가 입고 있던 화려한 옷을 벗고 허름하고 낡은 옷으로 갈아입은 뒤 거름 치우는 도구를 들고 일하는 곳으로 갔습니다. 아버지가 일꾼들에게 말했습니다.

'게으름 피우지 말고 부지런히 일해라.'

아버지가 이런 방법으로 아들에게 가까이 갔던 것입니다. 아버지가 가난한 아들에게 말했습니다.

'너는 일을 잘하니 날마다 여기서 거름을 치워라. 그러면 너의 품삯을 올려 주겠다. 또 항아리, 쌀, 밀가루, 소금 등등 필요한 것이 있으면 뭐든지 말해라. 사람을 시켜 달라는 대로 가져다 줄 것이다. 어차피 네겐 가족도 없으니 나를 아버지로 생각해라. 걱정할 것 없다. 나는 이미 늙었고 너는 아직 젊은데다가 게으름을 피우지 않고 원망하지도 않으며 다른 일꾼처럼 나쁜 버릇도 없지 않느냐. 이제 너를 내 친자식처럼 생각하겠다.'

아버지가 그때부터 그를 아들이라고 불렀습니다. 아들도 좋은 사람을 만난 것이 기쁘기는 했지만 자신은 예전과 마찬가지로 천한 일꾼이라고 생각했습니다. 시간이 흐르며 아들도 아버지와 마음을 나누며 서로 믿게 되고 아버지 집을 편히 드나들게 되었지만 예전 그대로 빈민굴에 살았습니다.

세존이시여! 그러다가 아버지가 중병에 걸려 자신이 죽을 때가 멀지 않은 것을 알고 아들에게 말했습니다.

'내게 금은보화가 아주 많다. 그 수가 얼마나 되고 수입과 지출은 얼마나 되는지 네가 다 알고 있어야 한다. 네가 내 뜻을 잘 알아들을 수 있길 바란다. 내가 이미 너에게 재물을 맡겼고 너를 가족으로 생각하고 있기 때문이다. 네가 잘 관리해 재물을 잃지 않도록 해라.'

아들이 아버지의 말을 듣고 금은보화와 창고 안에 있는 진귀한 보물까지 재산 상황을 모두 파악했습니다. 그는 더 이상 그저 굶지 않기 위해서만 일한다는 생각은 하지 않았습니다. 하지만 그는 여전히 빈민굴에 살고 있었고 도량이 좁고 못난 생각 또한 버리지 못하고 있었습니다. 얼마 후 아버지는 아들의 마음이 점점 열리는 것을 느꼈습니다. 아들이 옹졸한 마음을 버리고 큰 꿈을 이루겠다는 포부를 갖기 시작했습니다. 아버지가 임종할 때가 되자 아들과 친족, 국왕, 대신, 귀족, 거사를 불러 놓고 발표했습니다.

'오늘 여러분을 오게 한 건 한 가지 사실을 알리기 위함이오. 이 사람은 내 아들이오. 어느 도시에서 나를 버리고 떠난 뒤 50년 동안 외롭게 떠돌아다녔소. 그의 원래 이름은 아무개요. 내가 오랫동안 걱정하며 찾아다녔는데 뜻밖에도 바로 이곳에서 만났소. 그는 틀림없는 내 아들이고, 나는 그의 아버지요. 내가 가진 재산은 모두 아들의 것이며, 모든 수입과 지출은 그가 처리할 것이오.'

세존이시여! 아들이 이 말을 듣고 크게 기뻐했습니다. 본래 바라는 마음이 없었는데 갑자기 보물을 저절로 얻었기 때문입니다.

세존이시여! 그 아버지는 바로 여래이시고, 저희가 바로 그 아들입니다.

세존이시여! 저희가 지금까지는 늙고 병들고 죽는 것과 욕심, 성냄, 어리석음 때문에 불타는 집에서 번뇌에 고통받으며 살았습니다. 미혹하고 무지하여 개인의 해탈을 추구하는 소승법에 집착했습니다. 이제 세존께서 저희에게 성불의 큰 불법을 일깨워 주셨습니다. 저희가 지금까지 해 온 수행은 소승법이며 소승법은 치워야 할 거름으로 가득 차 있습니다. 저희가 생사의 고해에서 벗어나기 위해 소승법을 부지런히 정진함으로써 얻는 것은 겨우 하루치의 열반뿐입니다. 열반에 도달해 개인의 해탈을 얻고 흡족해하면서 성불의 큰 불법에 정진함으로써 열반에 이르렀다고 자부했습니다.

하지만 세존께서는 저희들이 비루한 욕망 때문에 허망한 소승법에 집착하고 있다는 것을 알고 계셨습니다. 그러면서 저희가 우선 대승법을 버리고 소승법을 수행하도록 내버려 두시며 저희에게도 여래의 지혜와 공덕과 보배가 있다고 격려하셨습니다. 세존께서 교묘한 방법으로 부처님의 커다란 지혜를 알려 주셨지만, 저희는 부처님의 불법을 듣고 배우며 그저 열반과 해탈을 얻었을 뿐이면서 가장 크게 얻었다고 생각하며 더 심오한 진리를 구하려고 노력하지 않았습니다.

또한 저희는 여래의 지혜로 인해 보살들에게 성불의 큰 불법을 일깨워 주려고 설법하면서도 정작 스스로는 부처님의 지혜를 얻고자 하는 마음이 없었습니다. 여래께서 저희들이 소승법을 좋아하는 것을 아시고 교묘한 방법으로 대승을 삼승으로 나누어 저희에게 말해 주셨지만 저희 스스로 부처님의 아들임을 몰랐기 때문입니다.

저희는 이제야 부처님의 대자대비하심을 알고 부처님이 지혜에 인색하지 않으신 것을 알았습니다. 저희가 본디 부처님의 교화를 받은 부처님의 아들이며 그저 소승법을 좋아한 것이기 때문에 부처님이 임시방편을 썼던 것입니다. 저희가 대승법을 구하고자 했다면 부처님이 저희에게 대승법을 알려 주셨을 것입니다.

이《법화경》에서 여래는 우리에게 오직 한 가지 불승만을 설하셨고, 예전에 보살들 앞에서 성문과 연각이 소승법을 좋아한다고 책망하셨습니다. 사실 부처님은 대승법으로만 교화하신 것입니다. 이제 저희는 다른 것을 구하는 마음을 버렸습니다. 그 가난한 아들이 재물을 얻은 것처럼《법화경》의 심오한 법이 저절로 찾아왔습니다. 부처님의 아들이 마땅히 얻어야 하는 모든 불법을 우리가 지금 얻었습니다."

-《법화경》〈신해품〉

나의 집은 어디인가?

 이 세상은 불타는 집과 같아서 이 집에서 빠져나가야만 자유로워질 수 있다. 그래서 〈비유품〉에서 불타는 집 이야기를 통해 부처가 어떻게 중생이 불타는 집에서 빠져나오도록 했는지에 대해 얘기했다. 부처의 제자들이 그 이야기를 듣고 자신들이 오랫동안 수행했지만 개인의 해탈에만 집착했을 뿐, 깨끗한 불국 정토와 모든 중생을 교화하는 것에 대해서는 진정으로 갈구하지도, 애착을 갖지도 않았음을 깨달았다. 한마디로 불타는 집에 있는 유일한 문을 아직 열지도 못했고 진정으로 깨달음을 얻지도 못했음을 알았다.

부처님이 불타는 집 이야기를 들려주자 그들의 마음속이 환해지며 한 번도 느끼지 못했던 기쁨을 느꼈다. 그들도 자신들의 깨달음을 한 가지 이야기에 비유했다.

부처가 들려준 이야기가 '떠남'에 대한 이야기라면, 제자들이 들려준 이야기는 '돌아옴'에 대한 이야기다. 떠남과 돌아옴은 상반된 것이지만 그들이 향하는 목적지는 한 곳이므로 결국 같다고 할 수 있다. 떠남이 곧 돌아옴이다. 출가해 승려가 된 가수 리나도 출가할 당시 "나는 집을 떠나는 것이 아니라 집으로 돌아오는 것이다"라고 말했다. 출가의 또 다른 말이 바로 귀가다.

위의 이야기를 보면, 아들은 원래 귀한 집에서 태어났지만 어릴 적 집을 떠났다. 허름하고 지저분한 행색으로 떠돌아다니며 먹고살기 위해 남의 집 일을 해 주고 품삯을 받아 근근이 생활했다. 사실 그에게는 부유한 아버지가 있고 자기 나라도 있었다. 그러나 50년 동안 떠돌아다니며 긴 세월을 허송하고 '집에 돌아가 밥을 먹어야 한다'는 사실조차 잊어버렸다. 완전히 길을 잃은 것이다.

생각해 보라. 가출했든 길을 잃었든 유괴를 당했든 집을 떠난 지 50년이 흐르도록 집에 돌아가지 않는다면 무슨 이유 때문일까? 처음에는 집 생각이 나고 집에 돌아가고도 싶었겠지만 여러 가지 사정 때문에 돌아갈 수가 없었다. 집에 갈 여비가 없어서 그저 걸어서 떠돌아다녀야 했을 수도 있고, 어딘가에 감금되어 빠져나오지 못했을 수도 있다. 그러다가 그 생활에 익숙해지면서 집이 어떻게 생겼는지, 집이 어디에 있는지도 잊어버린 것이다.

이야기 속 아들도 처음에는 집에 돌아가고 싶고 집으로 돌아가는 길도 기억하고 있었겠지만 자꾸만 아름다운 무언가가 그를 유혹했을 것이다. 길가에 예쁜 꽃이 피어 있고 숲도 나타나 자기도 모르게 들어갔다가 미로에 빠진 듯 길을 잃고 점점 멀어졌을 수도 있다. 아니면 아름다운 노랫소리를 따라가다가 집에 돌아가는 길을 잊어버렸을 수도 있다.

이런 일은 우리 일상에서도 아주 흔하다. 오늘 오후만 해도 원래 이 장의 원고를 완성하려고 했다. 오후 3시부터 시작해 4시에 완성할 계획이었다. 그게 오늘 오후에 내가 해야 하는 일이었다. 그런데 책상 앞에 앉으려는데 어제 새로 산 휴대폰이 울렸다. 새로 나온 게임을 홍보하는 문자메시지였다. 나도 모르게 게임을 다운로드 받고 게임을 하다가 또 한참 동안 인터넷을 들여다보았다.

그렇게 놀다가 피곤하기도 하고 싫증이 나기도 해서 시계를 보니 이미 5시가 훌쩍 넘어 있었다. 원고는 한 글자도 쓰지 못한 채로 말이다. 다시 마음을 잡고 원고를 쓰기 위해 게임에 빠져 있던 정신을 추슬러야 했다.

우리 일상에서 흔히 있는 일이다. 어떤 일을 하려고 하는데 갑자기 의자 위에 뭔가 놓여 있어서 그걸 제자리에 넣고, 그러고 나면 또 찾으려는 책이 보이질 않아 방 안을 뒤진다…. 결국 아무 상관도 없는 일을 하다가 정작 해야 할 일은 하지 못하고, 심지어 자신이 해야 하는 일이 무엇이었는지도 잊어버리고 만다.

위 이야기 속 아들은 아버지를 떠나 50년 동안 곳곳을 떠돌아다녔다. 그에게도 한때 기회가 찾아왔고 열심히 일해서 돈을 조금 모아 몇 달 또는 몇 년 정도 편히 살았을 것이다. 하지만 돈을 다 써 버린 뒤에 또다시 기회를 찾아다니다가 결국 떠돌이 생활을 할 수밖에 없었다. 집에 돌아가기 싫었던 것이 아니라 돌아갈 수 없었던 것이다.

아들은 집에 돌아가고 싶었지만 그럴 수 없는 상황이었고, 또 집에 돌아가려고 했지만 자꾸만 무언가가 그를 유혹하는 바람에 집에서 점점 멀어지다가 완전히 잊어버렸다. 결국에는 떠돌이 생활이 원래 자기 생활이라고 생각하고 자신에게 집이 있다는 것도 잊어버렸다. 그 집에 돌아가기만 하면 굶지 않기 위해 노예처럼 일하지 않아도 되고 안락하게 살 수 있다는 사실을 까맣게 모른 채로 말이다.

우리는 결국 아무 상관도 없는 일을 하다가
정작 해야 할 일은 하지 못하고,
심지어 자신이 해야 하는 일이 무엇이었는지도
잊어버리고 만다.

인생은 짧고
생명은 무한하다

  가난한 아들이 떠돌아다니다가 우연히 집에 돌아가게 되었지만 부자가 된 아버지를 알아보지 못하고 으리으리한 저택이 자기 집이라는 것도 몰랐다. 심지어 그 집에 있으라는 말에 졸도해서 쓰러지기까지 했다.

  그러자 아버지가 교묘한 방법을 써서 아들과 천천히 가까워진 다음 죽기 직전에 그가 친아들임을 밝혔다. 아들은 그제야 자신이 이미 집에 돌아왔으며 더 이상 떠돌아다니지 않아도 된다는 사실을 알았다. 아마도 그가 계속 아버지를 알아보지 못하고 자기 집이 어디에 있는지도 몰랐다면, 그는 평생 빈민굴을 전전하며 날품팔이로 근근이 살아야 했을 것이다.

이야기 속 아버지가 바로 부처다. 자비로운 부처가 교묘한 방법을 써서 길 잃은 아들이 집으로 돌아오도록 인도한 것이다. 아들이 집으로 돌아온 것은 중생이 근본으로 돌아온 것을 의미한다.

그렇다면 앞에서 부처가 들려 준 불타는 집 이야기로 되돌아가 보자. 사람들이 커다란 집에 살고 있었다. 그 집이 불타고 있는데도 사람들은 그것도 모른 채 집에서 빠져나가려 하지 않았다. 그러자 부처가 교묘한 방법을 이용해 그들을 밖으로 인도했다. 불타는 집에서 나온 사람들 앞에 넓은 길이 펼쳐져 있었고, 부처는 그들에게 크고 화려한 수레를 하나씩 나누어 주었다. 그들이 가질 엄두조차 내지 못할 만큼 귀한 수레였다.

부처의 이야기는 우리가 처한 환경에 스스로를 가두지 말고 과감하게 뛰쳐나가라고 가르치고, 제자들의 이야기는 우리가 다른 곳을 떠돌고 있더라도 집으로 돌아와야 한다고 말한다. 그곳에서 우리는 부유한 왕이기 때문이다.

이렇게 보면 이 두 개의 이야기는 결국 똑같은 교훈을 담고 있으며, 제자들의 이야기는 부처의 이야기에 대한 부연 설명일 뿐이다. 부처는 모든 중생이 불타는 집에 살고 있으며 그 집을 떠나야 한다고 말했다. 집이 불타고 있으니 떠나라는 건 결국 우리의 집이 다른 곳에 있으니 이 세상을 우리 집으로 착각하지 말라는 말이다. 그렇다면 우리 집은 어디에 있을까? 이 질문의 해답은 제자들의 이야기에서 찾을 수 있다. 원래 우리에게는 아버지가 있고, 그 아버지는 헤아릴 수 없이 많은 재물을 가지고 있다. 우리가 어릴 적 집을 떠난 바람에 집에 돌아가는 길을 잊어버린 것뿐이다.

우리 집은 이 세상이 아니라 세상 밖에 있다. 우리가 이 세상에 온 것 자체가 길을 잃은 것이다. 이곳은 그저 우리가 잠시 거쳐 가는 여관이며, 우리의 처음과 끝은 이곳이 아니라 더 무한하고 더 넓은 곳에 있다. 우리의 시작은 이 세상에 태어나기 전에 있고, 우리의 끝은 이 세상에서 죽은 후에 있다. 태어나기 전과 죽은 후에 비하면 이 세상에서 우리의 인생은 아주 짧다.

중국의 옛 시인은 "사람의 한 평생, 천지간에 짧게 먼 길 떠난 나그네 같구나"라고 읊조렸고, 춘추시대 도교 사상가 노래자는 "사람은 하늘과 땅 사이에 태어나 잠시 기숙하는 것이다"라고 했다. 우리의 인생이 잠시 떠난 먼 여행이고 긴 여정에서 잠시 샛길로 나와 있는 것이라면 내려놓지 못할 게 뭐가 있을까?

부처는 인생이란 꿈처럼 덧없는 것이라고 했다. 생명의 탄생과 소멸은 그저 긴 윤회 속의 짧은 과정일 뿐이다. 결국에는 불성을 깨달음으로써 무한한 경지로 돌아가게 된다. 그 경지에서는 태어남도 죽음도 없고, 시작도 끝도 없다. 부처가 알려 준 이 무한한 생명의 경지를 믿는다면, 이 세상에서 두려워할 것이 무엇이고 근심할 것은 무엇이겠는가?

**우리의 인생이 잠시 떠난 먼 여행이고
긴 여정에서 잠시 샛길로 나와 있는 것이라면
내려놓지 못할 게 뭐가 있을까?**

진정한 부유함은 따로 있다

　제자의 이야기 속 아들은 어릴 적 집을 떠났다가 50년 만에 아버지를 만났다. 《법화경》〈신해품〉의 묘사에 따르면, 그는 50년 동안 수많은 마을과 도시를 돌아다니다가 우연히 아버지가 사는 도시에 가게 되었고 아버지의 집 앞에서 아버지를 만났다. 오랜 세월 떠돌아다니던 아들이 드디어 집에 돌아와 아버지와 상봉했으니 얼싸 안고 기쁨의 눈물을 흘려야 정상이다. 그런데 그는 오히려 자기 아버지를 보자마자 줄행랑을 쳤다. 왜 그랬을까? 자기 아버지를 잊어버렸기 때문이다!
　아들은 자신이 태어날 때부터 날품팔이로 연명하는 떠돌이였다고 생각했다. 그래서 사자 조각으로 장식된 침대에서 온갖 보배와 수많은 시종에게 에워싸여 있는 아버지를 보고 자기가 어떤 왕의 집에 잘못 들어간 줄 알고 두려워서 도망쳤다. 그에게는 도시의 빈민굴이 자기 집이었다. 아버지가 사람을 시켜 아들을 데려오려고 하자 그는 놀란 나머지 졸도하고 말았다. 아버지는 아들의 못난 마음이 하루 이틀에 고쳐지지 않을 것임을 알고 아들을 보내 주었고, 아들은 빈민굴로 돌아가 열심히 날품팔이를 하며 살았다.

참으로 황당하지 않은가. 그렇게 부유한 아버지가 바로 앞에 있는데도 알아보지 못하고 빈민굴로 도망쳤으니 말이다. 이미 수많은 재물을 가졌는데도 그 사실을 알지 못하고 허드렛일을 하며 바깥에서 떠돌아다녔다.

어떻게 그럴 수가 있느냐고 반문하는 사람들도 있을 것이다. 그렇게 부유한 아버지를 알아보지 못하는 아들이 어디에 있단 말인가? 설령 친아들이 아니라도 아버지라고 부르며 매달리는 사람이 수두룩할 것이다. 하지만 부처는 이것이 세상의 진정한 모습이며 우리 인간이 이토록 어리석다고 했다. 사람들은 제 집에 보배가 그득하게 쌓여 있는 것도 모른 채 밖에서 보배를 찾아다니고 있다.

물론 부처가 말한 보배는 우리가 말하는 금은보화가 아니고,

그 아버지의 부유함도 우리가 생각하는 물질적인 부유함이 아니다. 부처가 말한 보배와 부유함이란 바로 불법이자 깨달음의 지혜다. 우리가 흔히 생각하는 물질적인 부는 부처의 이야기 속에서는 '집을 태우는 불길'이고, 제자의 이야기 속에서는 '가난'과 '유랑'이다. 부처가 볼 때는 재물에 대한 집착이 바로 우리를 불타는 집에 꽁꽁 묶어 두는 족쇄이자 유랑의 길로 떠미는 손이다.

그렇다면 불타는 집과 가난한 떠돌이가 비유하는 것은 세상의 명리를 좇는 생활이다. 부처는 이런 생활은 진정한 인생이 아니라고 했다. 집 밖으로 나가면 떠돌이에게 부유한 집이 생긴다. 그 집은 이 세상의 그 어떤 재물로도 살 수 없을 만큼 귀한 것이다. 그러므로 세상의 명리에 정력을 쏟아붓는 것은 어리석은 짓이다. 이 세상은 우리가 시작된 곳도, 마지막으로 가야 하는 곳도 아니며, 그저 아주 잠깐 스쳐 지나가는 작은 정거장이기 때문이다.

이 세상 밖의 무한한 전체를 추구해야만 완전한 생명을 가질 수 있다. 우리의 육신만 중하게 여기고 이 육신이 잠시 기생하고 있는 이 사회의 환경에만 몰두한다면 불타는 집에서 가난한 떠돌이처럼 평생을 고생스럽게 살아야 한다. 이 세상에서 아무리 많은 부와 권력을 거머쥔다고 해도 부처의 눈에 비친 우리는 활활 불타고 있는 집에서 맴도는 가난한 떠돌이일 뿐이다.

부처는 우리의 집이 이 세상이 아니라 세상 밖에 있음을 알려 주고자 했다. 이 사실을 깨닫는다면 절에 가서 세상의 명리를 얻게 해 달라고 부처님에게 절하는 것이 얼마나 우스운 일인지 알 수 있다. 불타는 집 이야기와 가난한 떠돌이 이야기는 우리의 육신을 초월하고 국가와 지구, 우주를 초월해 전체의 무한함을 추구하라고 우리에게 말하고 있다. 탄생도 소멸도 없고, 시작도 끝도 없으며, 선과 악도 없는 그 무한함을 말이다. 부처는 이 무한함을 경험했고 그것만이 우리가 안고 있는 모든 문제와 이 세상의 모든 번뇌를 해결할 수 있음을 깨달았기 때문이다.

이 세상은 우리가 시작된 곳도,
마지막으로 가야 하는 곳도 아니며,
그저 아주 잠깐 스쳐 지나가는
작은 정거장일 뿐이다.

진짜 내 것이라면
잃지도 않았을 것이다

 전체의 무한함이란 무엇이고, 세상 밖이란 또 무엇일까? 너무 추상적이지 않은가? 이 세상에서 살고 있는 우리가 어떻게 밖으로 나갈 수 있을까? 당장 실연하거나 직장을 잃거나 파산한 사람에게 전체의 무한함이 무슨 위로가 될 수 있을까? 세상 밖으로 어떻게 나가란 말인가?

 우리에겐 세상 밖으로 데려다주는 차도 없고 세상 밖으로 나갈 날개는 더더욱 없다. 훌쩍 떠나 바닷가에 가서 바람을 쐬고 오는 것조차 쉽지 않다. 세상의 바깥이나 무한한 집으로 돌아가라는 부처의 가르침이 순간의 고통을 잊게 해 줄 수는 있지만, 세상의 근본적인 고통을 해결해 줄 수는 없다.

그래서 부처는 급한 대로 타조처럼 머리만 처박아 고통을 잊게 만드는 전략을 썼다. 이 세상 모든 것은 다 부질없으며 그저 스쳐 지나가는 과정일 뿐이니 너무 신경 쓰지 말라고 다독였다. 하지만 실연당하고, 파산하고, 배가 고프고, 병에 걸려 아프고, 집에 돌아갈 여비가 없는데 어떻게 신경 쓰지 않을 수가 있을까? 어떻게 뜬구름 같은 무한함에 의지해 당장의 현실적인 고통을 잊을 수가 있을까?

좋다. 그러면 현실적인 얘기로 돌아와 보자. 무한함이니 전체이니 하는 얘기는 밀어 놓고 바로 지금 현실에서 우리가 겪고 있는 고통과 어려움에 대해 얘기해 보자.

당신은 지금 실연했다. 아무리 밤하늘의 별을 올려다보아도 무한함을 깨닫기는커녕 당신을 버리고 떠난 애인의 얼굴만 하늘에 덩그러니 떠 있다. 매 순간 가슴이 저리고 욱신거린다. 가까스로 마음을 가라앉히고 앉아서 《법화경》을 읽어 보려 하지만 떠난 애인의 얼굴이 글자 사이를 가득 채우고 있다. 아무리 부처라도 당신의 고통을 해결해 줄 수는 없을 것 같다. 그렇다면 애인을 잃은 고통을 오롯이 받아들여 보자. 눈앞에 떠오른 그 얼굴을 똑바로 보자. 외면하지 말고 똑똑히 들여다보고 찬찬히 뜯어보며 자신을 온전히 괴로움에 내맡기자. 반드시 고통을 외면해야만 하는 건 아니지 않은가?

만약 당신이 지금 파산했다면, 아무리 간절하게 기도해도 부처는 당신의 새 출발에 필요한 돈을 내어주지 않는다. 아무리 내세와 무한함을 상상해도 당신이 빈털터리가 되었다는 사실은 변하지 않는다. 아무리 가부좌를 틀고 앉아 명상을 하고 행복했던 과거를 떠올려 보아도 당신은 별 도리 없이 주위의 시선을 감수해야 한다. 밤하늘이 아무리 광활해도 당신은 여전히 어떻게 하면 재기할 수 있을지 고민해야 한다. 그렇다. 이건 현실이다. 조용히 앉아서 이치를 논한다고 해결되는 문제가 아니다. 그렇다면 마음을 차분히 가라앉히고 자신에게 찾아온 괴로움과 불안함을 그대로 받아들이는 것이 낫다.

한편으로는 바로 지금이 멈출 수 있는 때라는 사실을 깨달을 수 있다. 오랫동안 연애와 일 때문에 바빴던 생활을 잠시 멈출 수 있는 기회가 온 것이다. 차분히 앉아서 생각해 보자. 아무도 간섭하지 않고 그 어떤 일도 당신을 방해하지 않는다. 혼자 멈추어 서서 가만히 생각해 보자. 이미 떠난 사람이 당신에게 가장 어울리는 사람이었나? 파산한 사업이 당신에게 가장 어울리는 일이었나?

만약 이 질문에 자신 있게 대답할 수 없다면, 설령 끝내지 않고 계속 유지했더라도 그것은 당신에게 가장 어울리는 것이 아니었다. 그렇다면 언제가 되었든 상실의 고통을 겪을 수밖에 없다. 상실의 고통을 겪지 않는다면 잃지 않기 위해 발버둥치는 고통을 겪어야 할 것이다. 자신에게 어울리지 않는 애인이나 사업을 놓지 못하고 발버둥 친다면 당신은 아버지를 떠나 타지를 떠돌며 날품팔이로 근근이 생계를 이어가는 가난한 아들과 다를 바가 없다.

　멈추어 서서 집 떠난 아들의 이야기를 떠올려 보자. 그의 아버지는 부유했다. 그건 태어날 때부터 그에게 주어진, 그 자신의 것이었다. 그런데도 그는 자기 것을 포기하고 떠난 뒤 불타는 집으로 들어가 동분서주하며 재물을 찾아다녔다. 하지만 결국 안락한 삶을 얻지 못한 채 떠돌이 신세가 되었다.

　멈추어 서서 생각해 보자. 설사 당신이 속세를 떠나 출가하지 않더라도 이 세상을 사는 동안 그 떠돌이처럼 살지는 말아야 한다. 한평생 당신 것도 아닌 것을 좇으며 살 것인가? 당신의 집은 황폐한 사막이 되도록 내버려 둔 채로 말이다. 당신의 집은 원래 나무가 울창하고 온갖 꽃이 시새워 피어나며 푸른 풀이 햇볕을 받고 이슬을 머금어 자라는 곳이었다.

　실연과 파산은 슬픈 일이지만 두려운 일은 아니다. 당신은 여전히 살아 있고, 당신의 육신과 영혼은 건재하다. 생각해 보라. 애인이 떠나고 재산이 사라졌다면 애초 그건 당신의 것이 아니었다는 뜻이다. 원래 당신 것이 아니었으므로 잃어도 상관없다. 중요한 건 멈추어 서서 가만히 생각해 보는 것이다. 정말로 당신 것이었다면 떠나지도 않고 잃어버리지도 않았을 것이다. 세상에서 절대로 잃어버리지 않는 건 바로 당신 자신이라는 사실을 안다면 세상의 득실에 연연하지 않을 수 있을 것이다.

> 애인이 떠나고 재산이 사라졌다면
> 애초 당신 것이 아니었다는 뜻이다.
> 원래 당신 것이 아니었으므로
> 잃어도 상관없다.

인생에서
가장 중요한 원칙

　무엇을 하든 자신에게 가장 어울리는 것이어야 한다. 이것이 인생 최고의 원칙이다. 자신에게 가장 어울리는 것이어야만 절대로 잃어버리지 않을 수 있다. 자신에게 가장 어울리는 것이란 무엇일까? 만약 연애라면, 첫째, 당신이 그(그녀)를 좋아하고, 둘째, 그(그녀)도 당신을 좋아하는 것이다.

　연애로 인한 고통은 대부분 두 가지 경우에 생긴다. 첫째, 자신이 정말로 좋아하는 사람이 누군지 모른 채 끊임없이 이성을 좇는 것이다. 성욕에 이끌려서든 허영심 때문이든 누군가를 정복하는 것을 자랑스럽게 생각하지만 정작 자신이 정말로 좋아하는 사람이 누구인지 알지 못한다. 둘째, 자신을 진정으로 좋아하는 사람이 누구인지 모른 채 자기를 좋아하지도 않는 사람에게 사랑을 갈구하는 것이다. 때로는 죽자 살자 매달려 결국 상대와 사귀기도 하지만 그렇다고 고통이 끝나는 것은 아니다. 자기가 상대를 사랑하는 것만큼 상대가 자신을 사랑하지 않는다고 느끼기 때문이다. 그 때문에 어느 한쪽이 일방적으로 매달려서 이어지는 인연은 대부분 좋은 결실을 맺지 못한다.

진정한 사랑은 아주 단순하다. 얻기 위해 노력해야 한다면 그건 이미 사랑이 아니라 거래다. 섹스와 결혼을 놓고 시장에서 흥정하듯 거래를 하는 것이다. 하지만 사랑은 결코 거래가 아니며 이성적인 사고가 필요하지도 않다. 사랑은 직감이다. 사랑은 그냥 사랑일 뿐, 다른 이유는 없다. 두 사람이 서로 사랑한다면 사랑하는 것이지 다른 이유도 수단도 필요로 하지 않는다.

그런데도 많은 사람들이 자기 혼자 좋아하는 사람의 마음을 얻기 위해 갖은 방법을 쓰다가 결국에는 상처만 입고 괴로워하거나 얻지 못해 힘들어한다. 이미 떠난 사랑에 대한 집착 때문에 괴로워하는 사람도 있다. 한 번 떠난 사랑은 되돌아오지 않는다. 이때 우리가 유일하게 할 수 있는 건 포기뿐이다. 꼭 붙들고 놓지 않으려 해도 돌아오는 건 고통뿐이다. 우리는 아무것도 붙잡을 수 없다.

  그 어떤 상황에서든 자신에게 가장 어울리는 사랑이어야만 오래갈 수 있다. 그럴 때 한 번 사랑해 본 것만으로도 미련 없는 인생을 살았다고 할 수 있다. 대부분의 사람이 한 번쯤은 사랑 때문에 가슴 아픈 경험을 한다. 자신에게 가장 잘 어울리는 사람을 찾지 못했기 때문이다. 자기 혼자 좋아하는 사람에게 집착하거나 사회가 정한 원칙에 따라 결혼 상대를 찾는다. 그러면 성욕을 채우고 가정을 얻을 수는 있겠지만 사랑을 얻을 수는 없다. 사랑이란 직감으로 찾아내는 것이다. 흔한 말이지만 사랑은 자신의 반쪽을 만나는 것이다. 그런 사람을 찾아야만 두 사람이 온전한 하나가 될 수 있다.

  일이나 사업에도 자신에게 가장 어울리는 것이 있다. 첫째, 자신이 좋아하는 것이어야 하고, 둘째, 자기 능력으로 할 수 있는 것이어야 한다. 자기가 좋아하고 또 잘할 수 있는 일을 해야 행복한 인생을 살 수 있다. 그저 좋아하기만 해서는 아무 의미도 없다. 노래하는 것을 좋아해 가수가 되고 싶지만 음치라면 돌멩이를 갈아서 바늘을 만들겠다는 것과 같다. 반대로 능력은 있으나 좋아하지 않는 일을 하는 것도 의미가 없다.

  자신이 무슨 일을 좋아하는지, 잘할 수 있는 일이 무엇인지 모르는 사람은 행복할 수 없다. 자신이 무엇을 가지고 있는지도 모른 채 사회가 요구하는 일을 한다면 그보다 더 슬픈 일은 없다. 대학 졸업을 앞둔 학생들이나 이미 오랫동안 일해 온 중년층이 "내가 좋아하고 잘할 수 있는 일을 해야 한다는 건 알지만 내가 뭘 좋아하고 뭘 잘할 수 있는지 모르겠어요"라며 탄식하는 것을 많이 보았다.

명심할 것이 있다. 당신이 좋아하고 또 잘할 수 있는 것이 무엇인지 안다는 것은 떠돌이 아들이 부유한 아버지를 만나 더 이상 생계를 위해 품팔이를 하며 살지 않아도 된다는 것과 같다는 사실이다.

저마다 안정적인 직업을 찾으려 하지만, 세상에 안정적인 직업이란 없다. 안정적인 삶을 살고 싶다면, 역시 흔한 말이지만, 자기 자신으로 돌아가야 한다. 자신이 진정으로 좋아하는 것, 자기 능력, 자기 사고방식, 자기 생각 같은 것들 말이다. 그런 것들이야말로 안정적이며 자기 자신에게 속한 것이다. 다른 누구도 빼앗아갈 수 없고 결코 사라지지 않기 때문이다.

안정적인 일을 찾으려고 애쓰지 말고, 안정적인 사랑을 찾으려고 노력하지도 말라. 그 어느 것도 믿을 수 없다. 그렇다면 믿을 수 있는 것은 어디에 있을까? 바로 자기 자신 안에 있다. 진정한 자아를 발견해야만 안정적인 인생을 살 수 있다.

1년 365일 종종걸음 치며 분주하게 돌아다니고 있다면, 잠시 멈추어 서서 단 몇 분이라도 생각해 보자. 진정으로 자신에게 속한 것이 무엇인지, 남들이 결코 빼앗아갈 수 없는 것이 무엇인지, 절대로 당신 곁을 떠나지 않는 것이 무엇인지 말이다.

> 무엇을 하든 자신에게
> 가장 어울리는 것이어야 한다.
> 자신에게 가장 어울리는 것이어야만
> 절대로 잃어버리지 않을 수 있다.

이제
돌아가야 할 때다

 사람은 누구나 사랑을 찾고 싶다고 말한다. 진정한 사랑을 만날 때까지 평생이라도 찾아다닐 수 있다고 한다. 하지만 대부분은 사랑이 아니라 그저 연인 또는 배우자를 선택한다. 사회의 요구에 걸맞고 섹스하기에 좋은 상대이자 적당한 결혼 상대를 찾는 것이다. 그 속에 사랑은 없다. 사랑을 찾고 있다고 말하지만 사랑이 뭔지 모른 채 섹스를 사랑으로 착각하거나 결혼이 곧 사랑인 줄 알기 때문이다.

 인도의 사상가 크리슈나무르티의 말처럼, 평범한 사람은 쾌감과 고통은 알지만 사랑이 뭔지는 알지 못한다. 정말 사랑이라면 어떻게 소유하고 질투할 수 있을까? 정말 사랑이라면 어떻게 초조해하고 불안해할 수 있을까? 사람들은 사랑을 찾고 있다고 말하지만 사실은 감각과 사회의 요구에 따라 애인이나 배우자를 찾고 있다. 그리고 그게 사랑이라고 자부하면서도 대부분은 섹스나 결혼으로 얽힌 관계 속에서 배우의 얼굴만 다를 뿐 줄거리는 똑같은 희비극을 연기한다! 열정으로 시작하지만 점점 담담해지고 싫증을 내다가 결국 새로운 상대를 찾아 떠나는 것이다.

곰곰이 생각해 보라. 사랑이란 무엇인가? 누군가를 사랑하는 것과 누군가에게 사랑받는 것은 무엇일까?

사회는 우리에게 많은 것을 가르쳐 주었다. 이성을 유혹하는 법, 좋은 남편감 또는 아내감을 고르는 법 등등. 하지만 유일하게 가르쳐 주지 않은 것이 있다. 바로 어떻게 사랑해야 하는가 또는 사랑이란 무엇인가다. 그래서 사람들은 늘 사랑을 찾는다고 말하면서 사실은 욕망을 찾거나 자신이 바라는 조건에 맞는 상대를 찾는다. 어쩌다 진정한 사랑을 찾으면 두려워한다. 진정한 사랑은 나이나 신분과 무관하고 사회의 그 어떤 기준과도 무관하기 때문이다.

진정한 사랑에는 오로지 순수한 끌림밖에 없다. 그 때문에 그 사랑을 이어가려면 많은 대가를 치러야 할 수도 있고, 어쩌면 사회에서 쫓겨날 수도 있다. 그럴 때 대부분의 사람은 포기하고 사회의 궤도로 돌아오지만 그 사랑은 떠나지 않고 가슴 속 깊은 곳에 머물러 있다. 사실 모든 사람은 가슴에 사랑을 품고 있다. 그걸 발견하지 못할 수도 있고 깨닫지 못할 수도 있지만, 어쨌든 사랑은 그곳에 있다. 그걸 찾거나 표출하지 못하면 우울함, 초조함 같은 심리적 문제가 나타난다.

마찬가지로 대부분의 사람이 좋은 직업, 안정적인 직업을 찾고 싶다고 말하지만 그들 중 "나는 누구인가? 내게 가장 어울리는 것은 무엇인가?"라고 자문해 보는 사람은 거의 없다. 좋은 직업을 찾기 위해 노력하면서도 자신이 진정으로 좋아하는 일이 무엇인지, 자신에게 진정으로 어울리는 일이 무엇인지는 모른다. 또 절대로 잃어버리지 않을 자아가 어디에 있는지도 알지 못한다.

직업을 찾으려 하기 전에 먼저 마음을 차분히 가라앉히고 자기 내면으로 돌아가 자신을 찾아야 한다. 그런 다음에라야 자기에게 어울리는 직업을 찾을 수 있다. 그러지 않으면 영원히 떠돌아다닐 뿐이다. 하는 일마다 불만스럽거나, 반대로 눈에 들어오는 일마다 마음이 끌린다. 결국 이런 일이 수없이 반복될 뿐, 진정으로 자신이 원하는 일이 무엇인지는 모른다.

사회는 우리에게 이력서 쓰는 법, 좋은 직업을 지키는 법, 상사와 잘 지내는 법은 가르쳐 주었지만, 우리 내면의 안정적인 자아를 찾고 자아의 목소리를 경청하는 법은 가르쳐 주지 않았다. 설사 간혹 진정한 자아를 찾았다 해도 이번에는 또 사회의 주류에서 밀려날까봐 두려워한다.

참 이상하지 않은가. 자기가 좋아하는 일, 사랑하는 사람을 만났는데도 두려워하며 뒷걸음쳐 사회로 돌아가서는 원망과 고통으로 점철된 생활을 계속한다. 가난한 아들이 자기 아버지가 엄청난 부자라는 것도 모른 채 돈 벌 기회를 찾아 곳곳을 돌아다니고, 심지어 아버지가 눈앞에 있는데도 두려워 기절한 뒤 빈민굴로 돌아가 힘들게 생계를 유지하는 것처럼 말이다.

떠돌이 아들을 어떻게 집으로 불러올 것인가? 아버지는 거름 치우는 일로 그를 유혹한 다음 허름한 옷을 입고 다가가 아들이 천천히 자신을 알아보게 했다. 여기서 거름은 사람의 생각을 차지하고 있는 선입견과 관념을 상징한다. 그걸 없애야만 본심으로 돌아갈 수 있다. 그렇다면 우리는 둘 중 하나를 선택해야 한다. 내면의 목소리를 따라 살 것인가, 아니면 사회의 규칙에 따라 살 것인가?

부처의 절묘함이 바로 여기에 있다. 그가 진정으로 하려는 말은 우리 자신의 본심으로 돌아가야 한다는 것이었다. 하지만 그는 우리에게 어서 뛰쳐나가라고 말하는 동시에 또 어서 돌아오라고 재촉했다. 한편으로는 모든 것을 의심하며 철저한 회의주의자가 되라고 하면서, 또 한편으로는 자신을 온전히 내어주고 독실한 신도가 되라고 한 것이다. 회의주의자와 신도 사이에서 나는 늘 이런 목소리가 들리는 듯하다.

"이제 돌아가야 할 때다."

> 우리는 둘 중 하나를 선택해야 한다.
> 내면의 목소리를 따라 살 것인가,
> 아니면 사회의 규칙에 따라 살 것인가?

법화경 마음공부 제 3 강

어떻게 나만의
삶을 살 것인가?

부처가 된 부처 이야기

《법화경》 속으로

"너희도
부처가 될 수 있다"

이때 부처께서 여러 큰 제자들의 마음을 아시고 법회에 온 모든 출가 제자들에게 말씀하셨다.

"이 수보리는 앞으로 오는 세상에서 삼백만억 나유타 부처님을 받들어 모시고 공경하며 공양하고 진심으로 존중하고 찬탄하며 날마다 불법을 닦아 자신과 남에게 모두 이로운 보살도를 갖추어 최후에 성불할 것이다. 그 이름은 명상여래(名相如來), 응공(應供), 정변지(正遍知), 명행족(明行足), 선서(善逝), 세간해(世間解), 무상사(無上士), 조어장부(調御丈夫), 천인사(天人師), 불세존(佛世

尊) 등 열 가지이고, 겁의 이름은 유보(有寶)이며, 나라의 이름은 보생(寶生)이니라. 그 국토는 넓고 평탄하며 땅이 수정으로 덮여 있고 길가에 보배 나무가 무성해 그 기상이 웅대하고 장엄할 것이다. 언덕이나 구렁, 모래, 자갈, 가시덤불, 시든 풀이 없고 더러운 오물이 없으며 곳곳에 보석이 가득히여 맑고 깨끗하리라. 그곳의 백성은 보배로 된 집과 화려한 누각에 살며 그곳에 성문과 연각 제자가 헤아릴 수 없이 많을 것이다. 부처님의 수명은 12소겁(小劫, 인간의 수명이 8만 세에서 100년에 한 살씩 줄어들어 10세에 이르는 시간)이요, 그 후의 정법(正法)은 20소겁 동안 세상에 머물 것이며 상법(像法)도 20소겁 동안 머물 것이다. 부처님은 늘 허공에 계시면서 중생을 위해 불법을 설하고 수많은 보살과 성문, 연각 제자를 제도할 것이다."

-《법화경》〈수기품〉에서

위음왕 부처님이 열반하신 뒤 정법 시대가 끝나고 상법 시대가 되자 오만한 비구들이 큰 세력을 차지했다. 그때 한 보살이 있었으니 그 이름이 상불경이었다.

대세지보살아, 그 보살을 왜 상불경이라고 부르는지 아느냐? 그 보살은 비구, 비구니, 우바새(출가하지 않은 남자 신자), 우바이

(출가하지 않은 여자 신자) 그 누구를 만나든 절하고 존경하며 "나는 그대를 가볍게 보거나 업신여기지 않는다. 그대들 모두 보살도를 행하여 반드시 부처가 될 사람들이기 때문이다"라고 찬탄했다.

이 상불경보살은 경전을 읽고 외울 뿐 아니라 많은 사람들에게 절하고 멀리서 비구나 비구니, 우바새, 우바이를 보면 가까이 다가가 절하고 감탄하며 "나는 그대를 가볍게 보거나 업신여기지 않는다. 그대가 보살도를 행하여 반드시 부처가 될 사람이기 때문이다"라고 했다.

비구, 비구니, 우바새, 우바이 중 마음이 깨끗하지 못한 이들이 그에게 욕하며 "이 어리석은 비구야, 너는 어디서 왔기에 우리에게 '나는 그대를 가볍게 보거나 업신여기지 않는다. 그대가 보살도를 행하여 반드시 부처가 될 사람이기 때문이다'라며 수기를 주느냐?"라고 했다. 하지만 상불경보살은 늘 사람들에게 악담과 욕을 들으면서도 한마디 원망도 하지 않고 누굴 만나든 "그대는 부처가 될 것이다"라고 말했다. 그럴 때마다 사람들이 몽둥이로 때리고 돌을 던지면 그는 멀리 피해 달아나면서 오히려 더 큰 소리로 "나는 그대들을 가볍게 보거나 업신여기지 않는다. 그대들 모두 부처가 될 사람들이기 때문이다"라고 외쳤다. 그가 항상 "나는 그대를 가볍게 보지 않는다"라고 말했기 때문에 오만한 비구와 비구니, 우바새, 우바이가 그를

'상불경'이라고 불렀다.

상불경이 입적하려 할 때 위음왕 부처님이 예전에 설했던 《법화경》과 그 속의 게송이 허공에서 들려왔다. 그걸 모두 받아들이자 눈과 귀, 코, 혀, 몸, 뜻의 여섯 개 감각기관이 맑고 깨끗해졌다. 여섯 개 감각기관이 맑고 깨끗해지자 상불경보살의 수명이 이백만억 나유타 세월만큼 늘어나 또 사람들을 위해 《법화경》을 널리 설했다. 이때 오만하고 잘난 척하던 비구와 비구니, 우바새, 우바이가 자신들이 업신여기고 상불경이라고 조롱했던 사람이 큰 신통력과 유창한 언변, 잘 참는 능력을 얻은 것을 보고는 모두 그를 믿고 복종하며 그를 따라 함께 수행했다.

상불경 보살은 수천만억 중생을 제도하여 그들을 무상정등정각 부처님의 경지로 이끌었다. 첫 번째 생명이 끝난 후 그는 이천억 부처님을 만났으니 그 이름이 모두 일월등명이었다. 상불경 보살은 이천억 부처님의 불법 가운데서 《법화경》을 설했다. 이러한 인연으로 다시 이천억 부처님을 만났으니 그 이름이 모두 운자재등왕(雲自在燈王)이었다. 이천억 운자재등왕의 불법 가운데서 계속 《법화경》을 받들고 비구, 비구니, 우바새, 우바이에게 설하자 그로 인해 또 여섯 감각기관이 깨끗해지고 두려움도 사라졌다.

대세지보살아! 이 상불경보살은 그렇게 많은 부처님을 공양하고 존중하고 찬탄하여 모든 부처님 앞에 선근(善根, 좋은 과보를 얻을 만한 선행)을 심고, 그런 다음 또 천만억 부처님을 만나 그 불법 안에서 《법화경》을 설하여 선행과 복을 성취하고 부처님이 되었다.

대세지보살아! 너는 어떻게 생각하느냐? 상불경보살은 사실 다른 사람이 아니라 바로 나의 몸이다. 내가 만일 전생에 《법화경》을 받들어 읽고 다른 사람을 위해 설하지 않았더라면 무상정등정각을 얻지 못했을 것이다. 내가 예전에 부처님이 계신 곳에서 《법화경》을 받들어 읽고 다른 사람을 위해 설했기 때문에 이렇게 빨리 무상정등정각을 얻은 것이다.

대세지보살아! 그때 비구, 비구니, 우바새, 우바이가 성내며 나를 모욕한 탓에 그들은 이백억 겁 동안 부처님을 한 분도 만나지 못하고 불법도 듣지 못했으며 천 겁 동안 아비지옥에 떨어져 큰 고통을 받았다. 그런 다음에야 다시 상불경보살을 만나 교화받고 무상정등정각을 얻을 수 있었다.

대세지보살아! 너는 어떻게 생각하느냐? 그때 상불경보살을 모욕한 이들이 다른 사람들이겠느냐? 그들은 바로 지금 이 법회에 있는 현호 등의 오백 보살이고, 사자월 등의 오백 비구이며 니사불 등 오백 우바새다. 그들은 이미 무상정등정각을 얻었으며 다시는 물러나지 않는다.

대세지보살아!《법화경》은 모든 보살과 대보살을 크게 이롭게 하고 그들이 무상정등정각을 얻게 할 수 있음을 알아야 한다. 그러므로 여래가 열반한 뒤에 보살들이 이《법화경》을 받들어 읽고 외고 설하고 옮겨 써야 한다.

-《법화경》〈상불경보살품〉에서

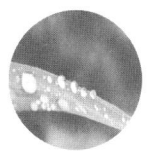

나는 무엇이
될 수 있을까?

　부모들이 갓 태어난 아기를 보며 "나중에 커서 훌륭한 디자이너가 돼라"라고 말하곤 한다. 아이들도 자라면서 "나는 디자이너가 될 거야", "나는 은행가가 될 거야", "나는 부자가 될 거야"라고 말한다. 선생님도 아이들에게 "나중에 꼭 쓸모 있는 사람이 되렴. 사회의 기둥이 되어야 해"라고 말한다. 이처럼 우리는 주위에서 "넌 성공할 거야", "넌 훌륭한 학자가 될 거야", "넌 스타가 될 거야", "넌 작가가 될 거야" 같은 말을 끊임없이 듣고 자라며, 늘 무언가가 되기 위해 노력하고 그러기 위해 자신을 변화시키려 한다.

모두들 우리에게 이런 저런 사람이 되라고 말할 때, 부처는 우리에게 말한다. 우리가 무엇이 되는지는 중요하지 않으며, 우리가 부처가 될 것이라는 사실이 중요하다고 말이다. 부처는 이미 왕자였고 또 부자였다. 하지만 그에게 그런 건 중요하지 않았다. 세상의 모든 것은 변화하기 때문이다.

당신이 황제가 되어도 얼마 못 가서 죄인이 될 수 있고, 백만장자가 되어도 하루아침에 빈털터리가 될 수 있다. 그런 건 중요하지 않다. 중요한 건 우리가 무엇이 되든 그것이 우리 생명의 본질을 바꿀 수는 없으며 우리의 번뇌를 없애 주지도 못한다는 사실이다. 아무리 한 나라의 왕이라도 사랑 때문에 고뇌하고 병에 걸려 고통받는 것은 문지기와 다를 바 없다.

왕이 되든 디자이너가 되든 자신이 되고 싶은 것이 될 수는 있다. 하지만 무엇이 되든 그것이 끝이 아니고 영원한 행복을 얻을 수도 없다. 원하던 것이 되면 기쁘지만 기쁨이 사그라지면 곧 고통의 늪에 빠진다. 그러면 또 다른 것이 되길 갈망한다. 물론 다른 것이 된다 해도 달라지는 건 없다. 다시 고통의 늪에 빠진다. 가만히 생각해 보자. 어딜 가든 늪에 빠져 허우적대느라 진흙투성이가 된 사람이 곳곳에서 고통받고 있다.

그래서 부처는 우리에게 쓸모 있는 사람이나 도덕적으로 훌륭한 사람이 되라고 하지 않고 부처가 되라고 했다. 부처가 되는 것이 유일한 목표이며 우리가 최종적으로 가야 할 목적지다. 부처가 〈비유품〉에서 일불승에 대해 애기하자 사리불이 큰 깨달음을 얻고 "우리가 바로 부처였군요!"라고 말했다. 그러자 부처가 사리불에게 수기하며 이렇게 말했다.

"사리불아! 너는 오는 세상에 무한하고 헤아릴 수 없는 겁을 지나면서 여러 천만억 부처님을 공양하고 바른 법을 받들어 지키며 보살이 행할 도를 갖추어 성불할 것이다. 성불한 후의 이름은 화광여래(華光如來), 응공, 정변지, 명행족, 선서, 세간해, 무상사, 조어장부, 천인사, 불세존이며, 그 나라의 이름은 이구(離垢)이리라. 땅은 평평하고 반듯하며 깨끗하고 태평하고 풍성하여 천인과 사람이 번성할 것이며, 바닥이 유리로 되어 있고 팔방으로 뻗어나간 길에 황금으로 줄을 꼬아 드리울 것이며, 그 곁에는 칠보로 된 나무가 있어 항상 꽃과 열매가 무성할 것이다."

이처럼 부처는 제자들에게 일일이 수기하며 그들이 부처가 될 것이라고 말했다. 〈수기품〉, 〈오백제자수기품〉, 〈수학무학인기품〉에서도 부처가 제자에게 수기한 장면이 자세히 나온다.

예를 들면, 마하가섭에게는 "너는 최후의 몸으로 성불할 것이다. 그 이름은 광명여래(光明如來)이고 나라 이름은 광덕(光德)이며 겁의 이름은 대장엄(大莊嚴)이리라. 그 나라는 깨끗하고 더러운 오물이 없으며 땅은 평평하고 곳곳에 보배와 수많은 보살이 있을 것이다"라고 했다.

또 아난에게는 "너는 오는 세상에 부처가 될 것이다. 그 이름은 산해혜자재통왕(山海慧自在通王), 응공, 정변지, 명행족, 선서, 세간해, 무상사, 조어장부, 천인사, 불세존이리라. 부처가 된 후 나라의 이름은 상립승번(常立勝幡)이고, 겁의 이름은 묘음변만(妙音遍滿)이다. 그곳은 맑고 깨끗하며 땅이 수정으로 되어 있을 것이다"라고 했다.

《법화경》에서 부처는 자신의 모든 제자에게 "미래에 너는 부처가 될 것이다"라고 했다. 부처는 그 전까지 한 번도 무엇이 될 것이라고 말한 적이 없다. 오직 《법화경》에서만 "너는 부처가 될 것이다"라고 했다.

부처는 또 오래 전 상법 시대에 자신이 상불경이라는 보살이었다고 했다. 어째서 상불경일까? 누구를 만나든 예를 갖추어 절하며 "나는 그대를 가볍게 보거나 업신여기지 않는다. 그대가 보살도를 행하여 반드시 부처가 될 사람이기 때문이다"라고 말했기 때문이다. 사람들이 "어리석은 놈이 감히 수기를 한다"며 욕했지만, 그는 조금도 화내지 않고 그들에게 또 "그대들은 반드시 부처가 될 것이다"라고 말했다. 오랜 세월이 지나도 그는 여전히 누굴 만나든 공손하게 절하며 "그대는 부처가 될 것이다"라고 말했다. 몽둥이로 맞고 돌팔매질을 당해도 역시 화내지 않고 더 큰 소리로 "그대는 부처가 될 것이다"라고 외쳤다.

그렇다. 어떤 사람도 자신을 근본적으로 변화시켜 어떤 것이 될 수는 없지만, 부처가 될 수는 있다. 이것은 부처가 세상에 전한 위대한 메시지다. 어떤 중생이든 부처가 될 수 있다. 그들이 원래 부처이기 때문이다. 모든 사람이 부처가 될 수 있으므로 모든 중생은 사실 다 같다. 상불경보살의 눈에는 모든 중생이 다 부처로 보였기 때문에 누구를 만나든 "그대는 부처가 될 것이다"라고 말한 것이다.

당신은 부처가 될 수 있다. 또 부처가 되어 자기 나라를 갖게 될 것이다. 그 나라는 화려하고 장엄하며 고통도 다툼도 존재하지 않는다. 그런데 이상하지 않은가? 우리는 늘 다른 무언가가 되고 싶다고 말하면서 자신이 부처가 될 수 있다는 사실은 모른다. 왜 그럴까?

**어떤 사람도 자신을 근본적으로 변화시켜
어떤 것이 될 수는 없지만,
부처가 될 수는 있다.
자신만 모를 뿐, 원래 부처이기 때문이다.**

허울뿐인 껍데기를 벗어라

우리 같은 평범한 사람은 말할 것도 없고 부처의 제자도 자신이 부처가 될 것이라는 부처의 말을 믿지 못한 채 소승이나 대승의 수행에 만족하고 아라한이나 보살의 위치에 안주했다.

사리불은 일찍이 부처에게 사제와 12인연에 대해 들은 뒤 진심으로 믿고 따르며 수행했지만, 《법화경》에서 부처로부터 일불승에 대해 들은 뒤에야 자신이 부처라는 사실을 진심으로 깨닫고 마음속에 있는 모든 의문이 풀리며 한없는 기쁨을 느꼈다. 오백나한도 수기를 얻은 뒤에야 "부처님 말씀을 듣고 나서야 모든 사람이 보살이며 무상정등정각을 얻어 부처가 될 수 있음을 깨달았습니다. 이러한 인연으로 마음이 몹시 기쁘고 한 번도 얻지 못했던 귀중함을 얻었습니다"라고 말했다.

부처가 된다는 것, 즉, 성불한다는 것은 생명이 닿을 수 있는 최고의 경지이므로 지금껏 한 번도 얻지 못했던 귀중함을 얻었다고 할 만하다. 속세에서 사람들은 수많은 꿈을 안고 살지만 무엇이 되든 그것은 끝이 아니고 최고의 경지도 아니다. 부처가 되어야만 완전히 평온해질 수 있다. "너는 부처가 될 것이다"라는 부처의 말은 우리가 다른 무언가로 변한다는 뜻이 아니다. 부처는 바로 우리 안에 있기 때문이다.

오백나한이 수기를 얻은 뒤 자신들의 깨달음을 이야기로 표현했다.

어떤 사람이 친한 친구의 집에 갔다가 술에 취해 잠이 들었는데, 친구가 볼 일이 생겨 나가면서 귀한 보물을 그의 옷 속에 넣어 주었다. 친구가 외출한 사이 잠에서 깬 그가 아무것도 모른 채 다시 길을 떠나 곳곳을 돌아다니며 생계를 위해 열심히 일했다. 하지만 부지런히 일해도 의식주가 넉넉하지 못해 어려운 생활을 했다. 그러던 어느 날 우연히 친구를 다시 만났는데, 친구가 그를 보고 의아해하며 "내가 예전에 네게 값진 보물을 주었는데 그것도 모르고 이렇게 고생하고 있으니 참으로 어리석구나"라고 말했다.

모든 사람이 귀한 보물을 가지고 있지만 그걸 깨닫지 못한 채 이 세상을 전전하며 번뇌로 고통받고 있음을 비유적으로 표현한 이야기다. 누구에게나 보물이 있고 누구나 부처가 될 수 있다. 부처가 "너는 부처가 될 것이다"라는 말로 이 사실을 알려 주었는데도 사람들은 어째서 힘들게 동분서주하며 고통스럽게 살고 있을까? 마음을 차분히 가라앉히고 자기 안에 있는 보물을 꺼내는 것이 낫지 않은가?

부처는 자신만이 부처가 아니라 누구나 각자의 마음속에 부처를 품고 있다고 했다. 다만 그들은 그걸 깨닫지 못해 부처가 되지 못했고, 부처는 그걸 깨닫고 진리를 터득했기에 부처가 될 수 있었다. 그저 이 차이뿐이다. 누구라도 언제든 이 사실을 깨닫는다면 그처럼 부처가 될 수 있다.

세상 모든 종교가, 철학자, 정치가, 기업가, 작게는 점쟁이까지도 자기 권위를 세우려고 온갖 수단과 방법을 동원한다. 남보다 더 높은 권위를 세워 사람들이 그 권위에 복종하게 만들려고 한다. 하지만 부처는 종교 지도자로 추앙받으면서도 자기 권위를 세우려 하지 않았고 남들에게 자신을 경배하라고 하지도 않았다. 그 대신 사람들에게 원점으로 돌아가 자기 안에 있는 에너지를 찾고 자기 자신의 주인이 되라고 누누이 강조했다. 인류의 사상사를 돌이켜보아도 이것은 위대하고 가장 철저한 사상적 혁명이다. 모든 이데올로기를 떨쳐내고 자기 본연의 가장 자유로운 상태로 돌아가라는 것이기 때문이다.

허울뿐인 권위나 우상은 우리의 문제를 결코 해결해 주지 못한다. 우리에게 어려운 문제가 있다면 그게 무엇이든 자기 안으로 들어가야만 온전히 해결할 수 있다. 사랑이나 일에 관한 문제, 경제적인 문제 등등 살면서 닥치는 모든 문제는 바깥에서 해결 방법을 찾으려 하기 때문에 생기는 것이다. 밖에서 해결하려 하기 때문에 결국 만족과 불만족 사이를 쳇바퀴 돌 듯 반복해서 오간다. 미국 드라마 〈닙턱(Nip Tuck)〉에 나오는 어느 이야기처럼 말이다.

드라마에서 아름다운 외모를 가진 여자가 남들이 자기 미모만 볼 뿐, 진정한 자신에 대해 알려고 하지 않는 것 때문에 고민하다가 성형외과를 찾아가 자신을 못생기게 바꿔 달라고 한다. 그녀는 바람대로 추녀가 되었지만 여전히 사람들이 진정한 자신에게 무관심하자 의사에게 얼굴을 원래대로 되돌려 달라고 한다.

극단적인 스토리이긴 하지만, 이런 비슷한 경우를 우리 주위에서 흔히 볼 수 있다. 단순히 외적인 기준으로만 생각해 아름다움과 추함의 이분법 사이에서 극과 극을 오간다. 외모나 환경 같은 외적인 요인에 얽매여 산다. 그런데 그 겉모습 안에는 무엇이 있는가? 우리는 그 안에 있는 것을 들여다볼 시간이 없을 뿐 아니라 들여다보려고 하지도 않는다. 그래서 부처가 우리에게 누구나 부처가 될 수 있다고 일깨워 준 것이다.

외모를 바꾸고 싶어 하는 우리 마음을 다독이고 아름다움과 추함 사이에서 오가는 마음을 붙잡아 세우며 부처가 묻고 있다. 도대체 무엇이 되고 싶은가? 아름다워지고 싶은가? 추해지고 싶은가? 아니면 아름답지도 추하지도 않고 싶은가?

**마음을 차분히 가라앉히고
자기 안에 있는 보물을 꺼내는 것이
낫지 않은가?**

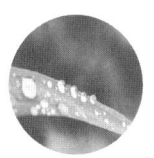

사람은 자기 영토에서 살아야 한다

　부처는 우리가 부처가 되어 자신의 부처 이름과 영토를 갖게 될 것이라고 말했다. 자기 세계를 갈망하지만 평생 남의 세계를 전전하며 사는 우리에게 더 이상 남의 세계에 기생하지 않아도 된다고 했다. 온전히 자신에게 속한 영토를 얻으면 나날이 오르는 집값 때문에 고민할 필요도 없고 하우스푸어가 될 필요도 없다. 속세에서 영토란 전쟁이나 침략, 투쟁, 계급 등과 연관되지만, 부처가 말한 영토는 속세의 그것과 다르며 전쟁을 치르거나 전략을 세워 얻을 필요도 없다.
　그럼 어떻게 얻을 수 있을까? 부처는 모든 제자에게 수기를 하면서 처음에 사리불에게 했던 말을 반복했다. 그들이 헤아릴 수 없이 긴 세월의 강을 지나면서 수많은 부처님을 공양하고 바른 법을 받들어 지키며 보살이 행할 도를 갖출 것이고, 그로 인해 성불하고 자기 나라를 갖게 될 것이라고 말이다. 무력이나 돈이 아니라 지혜와 선정을 통해 자기 영토를 갖게 된다고 했다. 지혜와 선정이 있다면 스스로 영토를 얻고 나라를 세울 수 있으므로 이 세상, 즉, 남의 세계에서 떠돌아다닐 필요가 없다.

《법화경》이 전하는 메시지는 뚜렷하다. 부처는 제일 처음에 나오는 두 가지 이야기를 통해 우리가 살고 있는 세상이 사실은 우리 자신의 집이 아니라 스쳐 지나가는 정거장 같은 곳이며 그 정거장이 불타고 있다고 말한다. 우리는 그저 나그네다. 하지만 사람들은 진짜 자기 집이 어디인지 잊은 채 이 불타는 정거장을 자기 집으로 착각하고 있다. 그래서 부처가 우리에게 이곳은 우리의 집이 아니며 우리는 지금 유랑하고 있다고 일깨워 주고 있는 것이다. 우리가 어서 문을 찾아내 불타는 정거장에서 도망쳐 진짜 자신의 집으로 돌아가야 한다고 말이다.

　자기 집으로 돌아가라는 말이 더 호화로운 집에서 살라는 뜻일까? 그렇지 않다. 부처의 말은 허름한 아파트를 떠나 으리으리한 저택으로 가라는 뜻이 아니다. 만약 아파트에서 저택으로 옮길 뿐이라면 여전히 그 문을 찾지 못한 채 이 세상에서 맴돌고 있는 것이다. 부처의 말은 밖으로 나가는 문을 찾아서 바깥세상으로 나가 부처가 되라는 뜻이다. 그러면 자기 영토를 갖게 될 것이며, 우리 자신이 바로 세상 전체가 될 것이다.

그렇다. 우리 자신이 바로 세상 전체다. 부처는 누구나 부처가 될 수 있고 자신의 부처 이름과 나라 이름을 갖게 될 것이라고 누누이 말했다. 이 말은 부처가 되는 순간부터 바깥세상의 그 무엇도 우리를 좌지우지할 수 없다는 뜻이다. 자신이 세계 전체가 되고 스스로 자신의 주인이 된다. 영토를 가지면 남의 주인이 되는 것이 아니라 바로 자기 자신의 주인이 된다.

사람은 자기 영토에서 살아야 한다. 그래야만 마음의 안정을 얻고 흔들림 없이 차분하게 살 수 있다. 속세의 우리는 내 집을 가져야 생활이 안정된다고 말하지만, 부처가 말한 영토란 세상 밖의 것이다. 이 세상이라는 욕망의 성벽에서 벗어나 지혜와 선정이 충만해야만 부처가 될 수 있고 자기 영토를 가질 수 있다.

자기 영토가 있다는 것은 자유롭게 날 수 있다는 뜻이다. 여권도 필요하지 않고 집문서도 대학 졸업장도 돈도 필요 없다. 아무것도 필요하지 않다. 자신의 영토에서는 아무것도 필요하지 않다. 필요한 것은 우리가 수많은 전생을 거치는 동안 부처에게 들은 《법화경》과 아주 오랜 옛날 불법을 수행하고자 했던 그 마음이다. 지혜와 선정이 충만하다면 아주 짧은 찰나에 이 모든 것을 기억해 낼 수 있다.

**사람은 자기 영토 위에서 살아야 한다.
그래야만 마음의 안정을 얻고
흔들림 없이 차분하게 살 수 있다.**

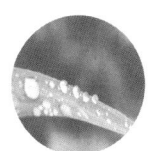

돼지우리에 살 것인가, 부처 나라에 살 것인가

부처가 되면 자기 영토를 가질 수 있다. 그 영토에는 왕도 신하도 없고, 부자도 빈자도 없으며, 심지어 남자도 여자도 없다. 그렇다면 그곳에는 무엇이 있을까? 부처는 사리불에게 수기를 줄 때 그의 영토를 이렇게 묘사했다.

"그 나라의 이름은 이구이리라. 땅은 평평하고 반듯하며 깨끗하고 태평하고 풍성하여 천인과 사람이 번성할 것이며, 바닥이 유리로 되어 있고 팔방으로 뻗어나간 길에 황금으로 줄을 꼬아 드리울 것이다. 그 곁에는 칠보로 된 나무가 있어 항상 꽃과 열매가 무성할 것이다."

마하가섭에게 수기를 줄 때도 그의 영토를 이렇게 묘사했다.

"나라 이름은 광덕이며 겁의 이름은 대장엄이리라. 부처님 수명은 12소겁이요, 정법이 세상에 머물기는 20소겁이며 상법도 20소겁을 머무를 것이다. 그 나라는 장엄하게 꾸며지고 온갖 더럽고 악한 것과 기와나 가시덤불, 부정한 오물이 없으며 땅은 평평하고 바르다. 높고 낮은 구렁과 언덕이 없고, 바다은 유리로 되어 있으며 보배 나무가 줄지어 서 있고, 황금으로 줄을 꼬아 길의 경계를 표시하고, 보배로 된 꽃이 뿌려져 있어 두루 맑고 깨끗할 것이다. 그 나라에는 보살이 천억으로 헤아릴 수가 없고, 여러 성문도 수없이 많으며 마의 장난이 없을 것이다. 마구니나 그런 백성이 있더라도 모두 불법을 보호하고 지킬 것이다."

부루나미다라니자(富樓那彌多羅尼子)에게 수기를 줄 때는 또 이렇게 묘사했다.

"부처님께서 항하강의 모래처럼 많은 삼천대천세계를 하나의 부처님 국토로 만드니 일곱 가지 보배가 땅이 되고 그 땅은 손바닥처럼 평평하여 산이나 계곡, 언덕이 없으며, 일곱 가지 보배로 된 집과 정자가 그 나라에 가득하고, 많은 하늘궁전이 가까운 허공에 있어 하늘과 사람이 서로 볼 수 있을 것이다. 여러 가지 나쁘고 악한 것도 없고 여인도 없고 모든 중생이 자연히 태어날 것이므로 음욕이 없을 것이다. 또한 큰 신통을 얻어 몸에서 밝은 빛이 나고 공중을 자유로이 날아다니며, 뜻과 생각이 견고하고 지혜를 향해 정진하며, 몸이 모두 금빛이고, 서른두 가지 아름다운 몸매로 장엄할 것이다. 그 나라 사람은 항상 두 가지 음식을 먹으니, 첫째는 부처님 법을 듣고 기쁘게 살아가는 음식이요, 둘째는 선정에 드는 것을 기뻐하여 몸과 마음을 길러 지혜를 얻는 음식이다. 한량없는 아승지(阿僧祇) 천만억 나유타의 보살이 있는데, 그들도 큰 신통을 얻고 네 가지 걸림이 없는 지혜를 얻어서 사람들과 모든 생명을 교화할 것이다. 성문의 수도 헤아릴 수 없을 만큼 많으나 모두 여섯 가지 신통과 세 가지 밝음과 여덟 가지 해탈을 얻을 것이다. 그 부처님 나라는 이와 같이 무량한 공덕으로 장엄하고 성취될 것이니 겁의 이름은 보명(寶明)이요 나라 이름은 선정(善淨)일 것이다."

부처는 제자에게 수기를 줄 때마다 제자가 과거의 수많은 전생에 이미 수많은 부처를 공양했고 앞으로 수많은 내세에도 수많은 부처를 공양할 것이며 그러다가 어느 때가 되면 그도 부처가 될 것이라고 했다. 그런 다음 그의 나라가 어떤 모습일지 묘사해 주었다. 표현은 조금씩 다르지만 기본적인 뜻은 비슷하다. 그의 나라가 인간 세상의 나라가 아니며 욕망도 없고 모든 차이도 없는, 세상 밖의 깨끗한 나라라는 것이다. 깨끗함이란 부처 나라의 가장 중요한 특징이다. 부처가 되고 부처 나라를 갖게 된 후에 우리가 얻을 수 있는 건 바로 깨끗함이다.

부처는 우리가 살고 있는 이 세상이 더러운 세상, 즉, 오탁악세(五濁惡世)라고 했다. 오탁악세란 겁탁(劫濁), 번뇌탁(煩惱濁), 중생탁(衆生濁), 견탁(見濁), 명탁(命濁)인데, 겁탁은 시대에 전쟁, 실병, 죄악 등 재난이 가득한 것이고, 번뇌탁은 중생에게 욕심, 성냄, 어리석음, 의심 등의 생각이 가득한 것이며, 중생탁은 중생이 인과응보를 믿지 않아 함부로 죄를 짓는 것이다. 견탁은 사람들이 사물의 본래 모습을 보지 못하고 진리를 추구하려는 열정이 없으며 편견과 사견을 믿는 것이며, 명탁은 사회가 악하고 악행이 늘어나 사람의 수명이 점점 짧아지는 것이다.

이것이 부처가 바라본 현세다. 2천 5백 년 전 부처가 보고 판단한 것을 지금 세상에 비추어 보아도 별로 다르지 않다. 세상은 여전히 혼탁하고 사람들은 여전히 욕망에 휘둘려 일희일비하고 있다. 하지만 부처가 인도하는 세상은 깨끗한 모습 그대로 그곳에 있다. 그러므로 우리 앞에 두 가지 선택의 길이 있다. 돼지우리에서 계속 더럽게 살 것인가, 아니면 깨끗한 세계로 돌아갈 것인가.

정토종 제8조사인 연지대사는 《죽창수필(竹窓隨筆)》에서 이렇게 말했다.

"사람은 누구나 세상을 살아가는 데 있어 저마다 좋아하는 일이 있기 마련이고, 그 좋아하는 일을 하면서 세월을 보내고 늙어 간다. 좋아하는 일에는 맑은 것도 있고 탁한 것도 있다. 가장 탁한 일은 재물을 좋아하는 것이고, 그다음은 여자를 좋아하는 것이며, 그다음은 술 마시기를 좋아하는 것이다. 조금 맑은 것은 골동품을 좋아하거나 거문고나 바둑을 좋아하는 것, 또 산수를 좋아하는 것이나 시 읊기를 좋아하는 것이다. 그보다 더 맑은 것은 독서를 좋아하는 것이다. 책을 펼치면 이익이 있으니 좋아하는 것 중에 가장 낫다고 할 수 있다. 하지만 그것은 그저 세상에서 말하는 바일 뿐이며, 더 맑은 것은 불경 읽기를 좋아하는 것이고, 그보다 더 맑은 것은 마음을 깨끗이 하는 것이다. 좋아하는 것이 마음을 깨끗하게 하는 것에 이르면 세상 밖의 취미 가운데 가장 훌륭하다! 차츰 아름다운 경계에 들어가는 것이 마치 사탕을 맛보듯 달콤할 것이다."

가장 좋은 취미는 세상 밖으로 나가기를 동경하는 것이며,

세상 밖으로 나가는 것이란 바로 부처가 되는 것이자 자신을 깨끗이 하는 것이다.

두 가지 선택의 길이 있다.
돼지우리에서 계속 더럽게 살 것인가,
아니면 깨끗한 세계로 돌아갈 것인가.

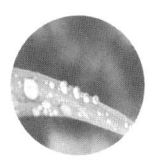# 눈이 깨끗하면 모든 비밀을 꿰뚫어 볼 수 있다

부처는 우리가 부처가 되어 자기 영토를 갖게 될 것이며, 그 영토는 아주 깨끗할 것이라고 했다. 부처가 말한 영토는 속세에서 말하는 왕국이 아니고 허름한 아파트에서 호화로운 저택으로 이사하는 것도 아니다. 그것은 인간 세상의 개념이 아니며 인간 세상의 모든 명리와 아무런 관계도 없다. 그보다는 우리의 마음가짐이며, 따라서 자신의 영토를 갖게 된다는 것은 마음이 깨끗해진다는 뜻이다.

다시 말해, 부처가 되는 것은 대단히 심오하거나 현묘한 일이 아니라 우리 마음가짐이 변화되는 것이다. 외부의 것은 아무것도 바꿀 필요가 없다. 자기 마음이 깨끗해지기만 하면 완전히 다른 세상이 펼쳐진다. 세상을 바라보는 시각과 세상을 느끼는 방식이 달라지기 때문이다.

어떻게 하면 마음이 깨끗해질 수 있을까? 고상한 상상을 하거나 조용히 앉아서 좌선을 하면 마음이 깨끗해질까? 꼭 그런 것은 아니다. 부처는 세상이 더럽고 사람의 마음이 더러운 것은 사람의 여섯 가지 감각기관, 즉, 6근(六根, 눈, 귀, 코, 혀, 몸, 뜻)이 더럽기 때문이라고 했다. 사람은 이 6근을 통해 바깥세상과 연결된다. 그래서 부처는 〈법사공덕품〉에서 6근이 깨끗하면 세상이 깨끗해진다고 했다.

깨끗한 영토를 얻으려면 먼저 6근이 깨끗해야 한다. 부처는 선남자와 선여인이 《법화경》을 받아 지니고 읽고 외고 남들에게 얘기해 주고 옮겨 쓴다면, 팔백 가지 눈의 공덕과 천이백 가지 귀의 공덕, 팔백 가지 코의 공덕, 천이백 가지 혀의 공덕, 팔백 가지 몸의 공덕, 천이백 가지 뜻의 공덕을 얻을 것이므로, 이 공덕으로 6근을 장엄하여 깨끗해진다고 했다. 《법화경》을 지니면 많은 공덕을 얻어 6근이 깨끗해진다는 것이다.

눈이 깨끗해지는 것은 깨끗한 것만 본다는 뜻이 아니다. 깨끗한 것과 더러운 것을 모두 볼 수 있어야 깨끗한 눈이라고 할 수 있다. 선남자와 선여자가 부모에게 받은 깨끗한 눈은 삼천대천세계 안팎에 있는 모든 산과 강, 숲과 바다를 볼 수 있고, 아래로는 아비지옥, 위로는 유정천(有頂天, 삼계의 맨 위에 있는 하늘)까지 볼 수 있으며, 그 사이에 있는 모든 중생이 무엇을 하고 무슨 생각을 하며 그들의 인연과 결과가 어떻게 되는지까지 훤히 볼 수 있다.

우리는 사람이든 꽃이든 어떤 대상을 보면 그 대상에 따라 각기 다른 감정과 반응이 생겨난다. 이것은 그저 눈으로 보는 것이다. 하지만 부처가 말하는 '본다'는 것은 '꿰뚫어 본다'는 뜻이다. 불법을 따르며 지키면 꿰뚫어 보는 능력을 갖게 된다. 사람을 보면 그의 외모 뒤에 있는 것을 꿰뚫어 볼 수 있고, 산이나 강을 보면 이 세상을 한 눈에 꿰뚫어 볼 수 있으며, 별이 뜬 밤하늘을 보면 우주를 한 눈에 꿰뚫어 볼 수 있다.

불법의 깨우침을 받기 전까지 우리는 사실 장님이나 마찬가지다. 사람을 보면 사람만 보이고 산을 보면 산만 보이며 그 대상에 따라 감정이 변화한다. 하지만 눈이 깨끗해지면 무엇을 보든 그것을 꿰뚫어 볼 수 있다. 그것의 현재뿐만 아니라 과거와 미래까지 모두 볼 수 있다. 가령 당신이 깨끗한 눈으로 어떤 사람을 보면 찰나에 그의 운명이 저절로 눈앞에 펼쳐지고 그의 생과 사를 훤히 볼 수 있다. 아주 짧은 순간에 그의 모든 비밀을 한 눈에 볼 수 있다.

깨끗한 눈을 갖게 되면 모든 것을 투명하게 들여다볼 수 있으므로 관찰자의 입장에서 있는 듯 없는 듯 바라보며 그 어떤 겉모습에도 마음이 흔들리지 않을 수 있다. 또 모든 비밀을 훤히 알 수 있으므로 그저 보기만 해도 기쁨이 넘치게 된다.

**깨끗한 눈을 갖게 되면
모든 것을 투명하게 들여다볼 수 있으므로
겉모습에 마음이 흔들리지 않을 수 있다.**

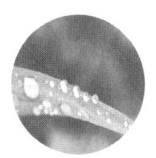

귀가 깨끗하면
모든 소리를 들을 수 있다

 부처는 《법화경》을 받아 지니며 읽거나 외거나 남에게 얘기하거나 옮겨 쓰면 천이백 가지 귀의 공덕을 얻게 되며, 부모님에게 받은 맑고 깨끗한 귀로 삼천세계의 모든 소리를 다 들을 수 있다고 했다. 삼천세계의 모든 소리를 듣는다면 지옥의 소리와 천당의 소리를 모두 들을 수 있고 모든 언어와 소리를 다 이해할 수 있다.
 이 세상에는 어떤 소리가 있을까? 부처는 코끼리 소리, 말 소리, 소 소리, 수레 소리, 우는 소리, 탄식하는 소리, 고동 부는 소리, 바라 치는 소리, 북 치는 소리, 종 치는 소리, 방울 소리, 웃는 소리, 남자 소리, 여자 소리, 동자 소리, 동녀 소리, 법의 소리, 법이 아닌 소리, 괴로워하는 소리, 즐거워하는 소리, 범부의 소리, 성인의 소리, 기뻐하는 소리, 슬퍼하는 소리, 하늘 소리, 용 소리, 야차 소리, 건달바 소리, 아수라 소리, 가루라 소리, 긴나라 소리, 마후라가 소리, 불 소리, 물 소리, 바람 소리, 지옥 소리, 축생 소리, 아귀 소리, 비구니 소리, 성문 소리, 보살 소리, 부처님의 소리를 예로 들어 열거했다.

부처는 귀가 깨끗하면 삼천대천세계의 모든 소리를 식별할 수 있지만, 소음 때문에 귀의 근본이 파괴되지는 않는다고 했다. 이처럼 사람은 청각에 이상이 없다면 모든 소리를 들을 수 있는데도 실제로는 자신이 관심 있는 소리만 듣는다.

어느 날 잠들기 전에 그날 일을 회상하며 내가 그날 무슨 소리를 들었는지 떠올려 보았다. 자동차 소리, 강연회에서 강연하는 소리, 에어컨 소리, 컴퓨터 속 동영상 소리, 친구나 동료의 대화 소리 등등. 아주 많은 소리를 들은 것 같지만 사실은 아주 적은 일부만 들은 것이었다.

이 세상은 매순간 수많은 소리로 가득 차 있다. 나처럼 깨달음을 얻지 못한 사람은 자신의 생활 반경 안에 있는 소리만 듣고 소음 때문에 다른 소리를 듣지 못한다. 심지어 소음 때문에 신경 쇠약에 걸리기도 한다.

오래 전 어디선가 "모든 소리가 나를 향해 모여든다"는 시 구절을 듣고 무척 마음에 들어서 가만히 앉아 이 세상의 모든 소리에 귀를 기울여 본 적이 있다. 복잡한 거리의 자동차 소리, 사람들이 떠드는 소리, 나뭇잎이 사각대는 소리, 길모퉁이에서 돋아난 작은 풀이 흔들리는 소리, 공중을 가르며 날아가는 새 소리 등등. 하지만 나는 길을 걸을 때나 사무실에서 일할 때 이런 소리를 듣지 못한다. 차분히 앉아서 귀를 따갑게 찌르는 소음을 떨쳐내고 가만히 귀를 기울여야만 이런 작은 소리를 들을 수 있다.

늦은 밤 책상 앞에 앉아 키보드를 두드리고 있는 지금, 멀리 도로에서 차들이 쉬지 않고 지나가고, 현관 밖 복도에서 가끔 누군가 귀가하는 발소리가 들리고, 거실에는 시계 소리가 들리며, 주방의 수도꼭지에서는 물 떨어지는 소리가 들린다. 하지만 이것들은 내 귀에 들리는 몇 가지 소리일 뿐, 내가 듣지 못하는 소리가 이보다 훨씬 많다.

당신이 깨달음을 얻는다면 우주의 소리도 들을 수 있고 부처의 소리도 들을 수 있다. 깨달음을 얻는 순간 부처가 허공에서 《법화경》을 설하는 소리를 듣게 될 수도 있다.

바로 지금 누군가 밖으로 나가는 소리를 듣지 못했는가? 지금 당장 세상 밖으로 나가 높은 산에 올라가 고요의 소리에 귀를 기울여 보라. 그러면 당신 귀에 이런 시가 들릴 것이다.

봉우리마다 안식이 있고
나뭇가지 끝에 바람 소리 하나 없으며
숲에는 새 소리도 들리지 않는다.
기다려라, 그대 또한 곧 쉬게 되리니.
-괴테

**깨달음을 얻는 순간
부처가 허공에서 《법화경》을 설하는 소리를
듣게 될 수도 있다.**

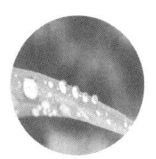
코가 깨끗하면
모든 향기를 맡을 수 있다

 부처는 《법화경》을 받아 지니며 읽거나 외거나 남에게 얘기하거나 옮겨 쓰면 팔백 가지 코의 공덕을 얻을 수 있으며, 맑고 깨끗한 코의 근본으로 삼천대천세계의 모든 향기를 맡을 수 있다고 했다. 수만나꽃의 향기, 사제꽃의 향기, 말리꽃의 향기, 첨복꽃의 향기, 바라라꽃의 향기, 붉은 연꽃의 향기, 푸른 연꽃의 향기, 흰 연꽃의 향기, 꽃나무의 향기, 과일나무의 향기, 전단향, 침수향, 다마라발향, 다가라향과 가루향, 환으로 지은 향, 바르는 향, 천만 가지 향이 섞인 향 등 모든 향기를 다 맡을 수 있다.

《법화경》을 받아 지니는 사람, 즉, 불법을 알고 수행하는 사람은 주위의 수많은 향기를 맡을 수 있고 그 향기의 미묘한 차이까지도 분별할 수 있다. 또 모든 중생의 냄새를 분별할 수 있다. 코끼리 냄새, 말 냄새, 소와 양 냄새, 남자 냄새, 여자 냄새, 남자 아이 냄새, 여자 아이 냄새, 풀 냄새, 나무 냄새를 다 맡을 수 있고, 가까이 있든 멀리 있든 모든 냄새를 다 맡고 분별할 수 있다.

《법화경》을 받아 지니는 사람은 비록 이 세계에 머물러 있어도 바리질다라나무 향기, 구비다라나무 향기, 만다라꽃 향기, 마하만다라꽃 향기, 만수사꽃 향기, 단향목 향기, 침수목 향기 등 천상의 모든 향기를 맡을 수 있고, 갖가지 천상의 향기가 섞여서 풍기는 향기를 맡아도 모두 분별할 수 있다.

또 천상의 모든 사람들의 향기를 맡으니 도리천의 주인인 제석천이 장엄하고 아름다운 궁전에서 오욕락을 즐기면서 기쁘게 놀 때 풍기는 향기, 미묘한 법당에서 도리천의 천인들을 위하여 설법할 때 풍기는 향기, 꽃밭에서 노닐 때 풍기는 향기를 맡을 수 있고, 천상에 있는 남자 천신과 여자 천신의 몸에서 풍기는 향기도 언제 어디서든 맡을 수 있다. 색계의 모든 하늘에서 점점 위로 올라가 가장 높은 유정천에 이르기까지 모든 천신의 몸에서 나는 향기를 다 맡을 수 있고, 모든 천신이 사르는 향료의 향기도 다 맡을 수 있으며, 성문이 수행하는 향기, 연각이 수행하는 향기, 보살이 수행하는 향기, 각 부처의 몸에서 나는 향기까지 멀리서도 잘 맡고 그 향기가 어디서 나는지도 알 수 있다.

마음을 차분히 가라앉히면 도시의 혼탁한 공기 속에서도 여러 가지 향기를 맡을 수 있다. 이슬 향기처럼 아주 가까운 곳에서 나는 향기도 있고, 아주 먼 하늘 저편에서 나는 깨끗한 향기도 있다. 사람들이 살고 있는 이 세상은 각종 공장에서 나는 악취 등 사람이 만든 냄새로 가득 차 있지만 더 먼 곳은 아직도 자연의 냄새가 많이 난다. 자연은 언제나 인간 사회보다 더 넓고 장구하다.

어느 해에 인류가 멸망할 것이라는 예언가의 말을 믿으며 걱정하는 사람들이 있었다. 하지만 걱정할 것이 뭐가 있겠는가? 행여나 인류가 멸망해도 자연은 사라지지 않는다. 설령 지구가 송두리째 사라진다 해도 광활한 우주는 건재하고, 우주가 사라진다 해도 무한한 허공은 존재한다…. 게다가 이 모든 것은 사실 사라지는 것이 아니라 다른 에너지, 다른 형식으로 전환될 뿐이다.

믿지 못하겠다면, 시끄러운 거리에서 고개를 들어 하늘을 올려다보라. 저 멀리서 어떤 냄새가 실려 오고 있지 않은가? 나뭇잎을 주워 냄새를 맡거나 오래된 집의 마룻바닥에 가만히 코를 대 보자. 어떤 냄새가 나는가? 그 냄새 속에 숨어 있는, 말로는 절대로 형용할 수 없는 가장 순수하고도 가장 심오한 냄새가 느껴지지 않는가?

**마당에 떨어져 있는 나뭇잎 냄새 속에,
오래된 집의 마룻바닥 냄새 속에,
말로는 절대로 형용할 수 없는
가장 순수하고 심오한 냄새가 느껴지는가?**

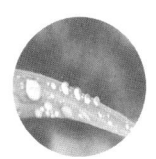
혀가 깨끗하면 감동적인 말을 할 수 있다

혀는 음식을 먹을 때와 말을 할 때 쓴다. 우리는 그저 욕심 때문에 필요 없는 것을 너무 많이 먹고, 시비를 따지느라 불필요한 말을 너무 많이 한다. 부처는《법화경》을 받아 지니며 읽거나 외거나 남에게 얘기하거나 옮겨 쓰면 천이백 가지 혀의 공덕을 얻을 수 있다고 했다. 또 혀의 근본이 맑고 깨끗하면 어떤 맛이 혀에 닿아도 모두 감로수처럼 달고 맛있어지고, 대중에게 어떤 불법을 설하든 듣는 이의 마음에 기쁨이 넘치게 된다고 했다.

여기에는 두 가지 뜻이 담겨 있다.

첫째, 어떤 맛이든《법화경》을 믿고 따르는 사람의 입에 들어가면 모두 천상의 감로수처럼 맛있게 변한다. 불교의 전체 맥락을 가지고 이 말을 이해하면, 혀의 근본이 맑고 깨끗하면 무엇이든 닥치는 대로 먹지 않게 된다는 뜻이다.

우리는 무엇 때문에 먹는가? 생명을 연장하기 위해 먹는다. 단순하게 보면 생리적인 필요를 충족시키기만 하면 그만이다. 먹기 위해 먹고, 허례허식이나 소비를 위해 먹고, 특별해 보이기 위해 먹거나 너무 많은 동물과 식물을 닥치는 대로 먹으면 사람이 혼탁해진다. 단순할수록 깨끗해진다. 음식은 배고픔을 달래기 위해 먹는 것이므로 배를 채울 수 있다면 그것으로 족하다.

진정으로 불법을 수행하고 진정으로 부처가 되면, 먹는 행위가 생리적 차원을 초월해 정신적인 행위로 승화된다. 부처가 부루나미다라니자에게 수기를 줄 때, 그가 부처가 되면 법명여래(法明如來)라는 부처 이름을 갖게 될 것이고 그가 교화하는 나라의 중생은 세속의 범부와 달리 음식을 먹지 않아도 된다고 했다. 그러면 무엇을 먹을까? 그 나라 중생은 두 가지 음식을 먹는데, 첫째는 부처님 법을 듣고 기쁘게 살아가는 음식이요, 둘째는 선정에 드는 것을 기뻐하여 몸과 마음을 길러 지혜를 얻는 음식이다.

이런 경지에 다다르면 어떤 것이 혀에 닿든 맑고 깨끗해진다. 우선 혀의 근본이 깨끗해져 더 이상 탐욕스럽게 많이 먹지 않게 되고 먹는 것을 중요하게 여기지 않게 된다. 먹는 것이 더 이상 욕망이 아니므로 무엇을 먹든 개의치 않는다. 맹물 한 모금에 푸성귀 한 장을 먹어도 맛있고 세상 모든 것이 맛있게 느껴진다.

더 절묘한 것은 두 번째 의미다. 《법화경》을 믿고 따르는 사람은 대중에게 불법을 얘기할 때 아름다운 목소리로 듣는 이의 마음을 움직여 기쁘게 하고 즐겁게 믿고 따르게 할 수 있다. 혀의 근본이 맑고 깨끗하면 무슨 말을 하든 사람의 마음을 기쁘게 할 수 있다. 그가 불법에 대해 얘기하면 수많은 청중이 몰려든다.

청중이란 어떤 사람일까? 천상에 있는 제석천, 천자, 천녀, 대범천, 용남, 용녀, 야차남, 야차녀, 건달바남, 건달바녀, 가루라남, 가루라녀, 긴나라남, 긴나라녀, 마후라가남, 마후라가녀, 비구, 비구니, 우바새, 우바이, 국왕, 왕자 및 그 가족, 대전륜왕, 소전륜왕 및 그 가족이다. 이들이 모두 아름다운 목소리에 이끌려 찾아와 불법을 듣고 설법하는 법사를 공경하며 그를 공양하게 된다.

혀의 근본이 맑고 깨끗하면 무슨 말을 하든 시비와는 무관해진다. 우리는 매일 말의 바다에 파묻혀 살고 있다. 불필요한 말, 상투적인 말, 계산하는 말, 다투는 말 등등 말의 미궁 속을 헤매고 있다.

  마음을 차분히 가라앉히고 가만히 생각해 보라. 내 입에서 나오는 말이지만 내가 한 말이 아닌 것 같은 적은 없는가? 마음에서 우러나와서 하는 말이 아니라 사회적인 시위와 역할 때문에 하는 말은 아닌가? 사회가 요구하는 말을 할 때 목소리는 우렁찰지 몰라도 그 말 속에 자기 내면의 힘이 없고 말을 하면서도 마음이 편안하지 않을 것이다. 우리는 때때로 혼탁하고 위선적인 말 속에서 자기 자신을 속이고 남을 기만하며 살고 있다.

  혀의 근본이 맑고 깨끗하면 큰소리로 말할 필요가 없다. 평화롭고 작은 소리로 말해도 듣는 사람의 마음이 평온해지고 사방에 저절로 기쁨이 넘치게 된다.

> **혀가 맑고 깨끗하면 큰소리로 말할 필요가 없다.**
> **평화롭고 작은 소리로 말해도**
> **듣는 사람의 마음이 평온해지고**
> **사방에 저절로 기쁨이 넘치게 된다.**

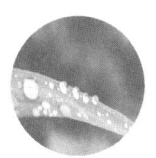
몸이 깨끗하면
세계를 환히 비출 수 있다

　나는 누구인가? 나는 내 몸이다. 딱히 훌륭한 대답은 아니지만, 물리적으로 보면 가장 정확한 대답이다. 나는 어디에 있는가? 물론 내 몸에 있다. 나는 몸을 통해 자신의 존재와 외부 세계의 존재를 느끼고, 남들도 내 몸을 통해 나라는 사람을 인식한다.

　우리는 각자 몸을 가지고 하루하루를 살고 있다. 몸은 우리에게 즐거움을 주는 원천이지만 수많은 고통의 근원이기도 하다. 병에 걸리고 늙고 번뇌하는 것은 모두 우리의 몸이다. 로마 철학자 보이티우스는 "사람의 영혼이 육체에 완전히 미혹되어 진리를 꿰뚫어 보지 못한다"며 육체가 영혼의 성장을 억누르는 족쇄이므로 지혜로 그 족쇄를 열어야 한다고 했고, 노자는 《도덕경》에서 자신에게 육체가 없다면 아무것도 두렵지 않을 것이라고 탄식했다.

그렇다. 사람에게 육체가 없다면 배가 고프지도 않고 욕망도 없으며 아무런 감정도 느끼지 않고 공기처럼 가볍고 홀가분해질 수 있다. 하지만 문제는 우리가 이 세상에서 살기를 고집하는 한 육체와 결코 떨어질 수 없다는 점이다. 그래서 부처는 우리에게 몸을 대하는 태도를 바꾸라고 했다.

이 육신이 정말로 우리의 것이라면 생로병사의 고통을 우리에게 안겨 주지 않을 것이다. 이 몸이 우리에게 이토록 많은 고통을 안겨 주고 또 이토록 더러운데 어떻게 우리 자신일 수 있겠는가? 우리가 심리적으로 인식하는 몸은 헛되고 수없이 변화하며 계속 사라져 가는 존재, 즉, 허상이다. 우리가 비록 육체의 존재를 없앨 수는 없지만 지혜와 수행을 통해 이 몸을 깨끗하게 만들 수는 있다.

부처는《법화경》을 받고 지니며 불법을 실천하면 팔백 가지 몸의 공덕을 얻고 맑은 유리처럼 깨끗한 몸을 얻게 되며 모든 중생이 그를 보고 즐거워할 것이라고 했다.

그 몸이 얼마나 깨끗하기에 그러는 걸까? 삼천대천세계 모든 중생의 탄생과 죽음, 아름다움과 추함, 하늘에 있는 것과 지옥에 있는 것, 선함과 악함이 모두 그 깨끗한 몸에서 나타난다. 철위산, 대철위산, 미루산, 마하미루산 등 여러 산과 그곳에 사는 중생이 모두 그 깨끗한 몸에서 나타나고, 아래로는 아비지옥, 위로는 유정천에 이르는 모든 중생이 그 몸에서 나타난다. 물론 여러 세계에서 설법하는 성문, 연각, 보살, 부처도 모두 그 깨끗한 몸에서 나타난다.

 몸이 맑고 깨끗해지면 몸이 더 이상 짐이 되지 않고 맑은 거울처럼 모든 것을 다 비추어 준다. 몸이 더 이상 무겁지 않고 매미 날개처럼 가벼운 수정이 되며, 더 이상 헛된 자아와 나쁜 습관으로 가득 찬, 굳게 잠겨 있는 방이 아니라 완전히 열린 자유로운 공간이 된다. 자연을 향해, 우주 전체를 향해 열려 있고, 과거와 미래를 향해, 심지어 무한한 시간을 향해 열려 있게 된다.
 부처는 사람의 몸은 더러운 것이지만 그 더러움을 담담히 관조하면 몸을 통해 모든 것을 통찰할 수 있게 된다고 했다. 그러므로 부처가 말한 깨끗함이란 이 세상을 멀리 떠난 깨끗함도, 인적 없는 곳에 숨어서 얻는 깨끗함도 아니다. 바로 이 세상의 더러움 위에 피어난 연꽃 같은 깨끗함이다. 몸은 더럽고 혐오스러운 허상이지만, 또 한편으로 우리는 이 몸을 통해 부처가 되는 길을 찾을 수밖에 없다.

몸이 맑고 깨끗하면 몸은 맑은 거울이 된다.
헛된 자아와 나쁜 습관으로 가득 찬 몸으로부터
우주 전체를 향해, 심지어 무한한 시간을 향해
우리의 마음을 열어 준다.

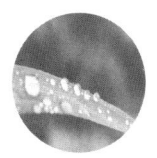
마음이 깨끗하면
행복의 비밀을 알 수 있다

2008년 대지진이 일어났던 원촨을 찾았을 때의 일이다. 부슬비가 내리는 어느 스산한 오후, 좁고 허름한 여관방에 앉아 있었다. 내 앞 창밖으로 보이는 맞은편 산에 무덤이 줄지어 있었다. 텔레비전을 켜자 나이가 지긋한 작가가 '행복의 비밀'이라는 제목으로 강연을 하고 있었다. 그녀는 숫자 여러 개를 나열하며 돈이 많아지고 생활이 윤택해질수록 사람들의 행복지수는 오히려 떨어진다는 연구 결과가 있다면서, 돈으로는 행복을 살 수 없다는 결론을 내렸다.

다른 도시에서 그 얘기를 들었더라면 고개를 끄덕이며 수긍

했을지도 모른다. 부자라 해서 가난한 우리보다 더 행복할 것은 없다. 적어도 가난하면 잃을 것이 없으니 당장 마음은 편안하지 않은가. 하지만 대지진 이후 폐허로 변한 원촨을 보고 나니 그 말에 동의할 수가 없었다. 돈이 있다면 사람들은 집을 짓고 편안히 살 수 있을 것이고 아이들도 학교에 다닐 수 있을 것이다. 돈은 나쁜 것이 아니다. 돈이 어떻게 사람을 더 불행하게 만들 수 있단 말인가?

20여 년 전 한 동료가 진지한 말투로 "사실 부자들의 삶은 공허해"라고 말했다. 그의 말에 뭐라고 대답해야 좋을지 모르고 있을 때 다른 동료가 불쑥 말했다.

"그럼 난 공허한 부자가 되겠어."

대부분의 상황에서 돈은 많은 문제를 해결해 준다. 돈 자체는 나쁜 것도 아니고 불행의 원인도 아니다. 행복에 관해 두 가지를 짚고 넘어가고 싶다.

첫째, 행복은 완전히 주관적인 감정이다. 행복한지 불행한지는 본인만이 알 수 있다. 행복지수 연구 결과 같은 건 무의미한 말장난일 뿐이다. 위대한 철학자 러셀의 《행복의 정복》을 두 번이나 읽었지만 어떻게 해야 행복을 정복할 수 있는지 잘 모르겠다.

둘째, 유가나 불교 사상을 근거로 들어 돈으로 행복을 살 수 없다고 주장하는 사람들은 대중을 오도하는 것이다. 공자가 '안빈낙도'를 말하기는 했지만 그도 "만약 부귀라는 것이 구할 수 있는 것이라면 비천한 마부라도 할 것이다"라고 했다. 공자의 주장은 매우 분명하다. 그는 부귀함이 나쁜 것이라고 말한 적도 없고, 돈 버는 것을 나쁜 일이라고 말한 적도 없다. 반대로 그는 부귀를 얻을 수 있다면 얻고자 애쓰고, 부귀하다고 해서 방종해서는 안 된다고 했다. 다만 부귀한 운명이 아니라면 부귀를 억지로 구하지 말고 운명에 순응하며 행복하게 살아야 하고 어떤 경우에도 자기 존엄성을 포기해서는 안 된다고 했다. 한마디로 하면, 부유하다고 기뻐하지도 말고 가난하다고 슬퍼하지도 말라는 것이다.

중요한 건 돈이 얼마나 많은지가 아니라 사람의 마음가짐과 인격이다. 공자는 사람의 인격과 신념이 외부 환경에 흔들려서는 안 된다는 점을 강조했다. 돈이 있으면 '군자'처럼 살고 돈이 없어도 '군자'처럼 살라는 것이다. 책만 읽는 가난한 서생들이 공자의 이 가르침을 "가난할수록 행복하다", "가난할수록 도덕적이다"라는 황당한 논리로 왜곡하더니, 프롤레타리아 혁명 시대에 와서는 이런 논조가 극단으로 치달으며 부유함이 사악함의 대명사가 되었다. 하지만 이런 인식이 오히려 사람들에게 혼란을 안겨 주고 더 불행하게 만들었다.

행복의 열쇠란 자신과 타인을 모두 속이는 허상이다. 정말로 행복이 있다면 그것은 삶의 진정한 모습을 깨달은 후에 자연스럽게 찾아오는 것이다. 그래서 나는 돈에 관한 한 일본 선사 요시다 겐코가 《츠레즈레구사(徒然草)》에서 밝힌 긍정적인 태도에 더 동의한다. 그는 이렇게 말했다.

"사람은 만사를 내던지고 돈을 벌기 위해 노력해야 한다. 가난한 삶은 의미가 없다."

이 말을 처음 듣는 사람은 아마 깜짝 놀랄 것이다. 불법을 수행하는 선사가 어떻게 돈 벌기를 부추길 수 있을까? 하지만 곰곰이 생각해 보면 현실적인 말이다. 출가하기 싫고 자살하기 싫고 돈도 벌기 싫다면 무엇을 하며 어떻게 살 것인가? 아주 간단한 이치다. 속세에서는 돈을 벌어야만 하고 싶은 일을 할 수 있다. 중요한 것은 돈을 버는 태도와 마음가짐이다. 그래서 겐코 선사는 이 말 뒤에 매우 중요한 말을 덧붙였다.

"돈을 벌고자 한다면 먼저 마음 수행으로 깨달음을 얻으라."

그의 말은 부처의 가르침과 다르지 않다. 무엇을 하든 상관없지만 그 마음만은 깨끗해야 한다는 것이다. 바꾸어 말하면, 마음이 깨끗하면 무슨 일을 해도 불법에 어긋남이 없다고도 할 수 있다.

중요한 건 돈이나 빈부의 문제가 아니다. 행복은 그런 것과는 아무 관계도 없다. 행복지수를 조사하는 것도 우스운 일이고, 돈이 많으면 불행해진다는 것도 황당한 얘기다. 물론 반대로 돈이 많으면 행복해진다는 말도 역시 황당한 얘기다. 중요한 건 돈이 아니라 마음가짐과 생각이다. 깨끗한 마음을 갖고 있는지, 매순간 어떤 마음가짐을 가지고 어떻게 관조하며 사는지가 중요하다. 언제든 깨끗한 마음을 지킬 수 있다면 어떤 환경에서든 행복할 수 있다.

그렇다면 어떻게 해야 마음이 깨끗해질 수 있을까? 《법화경》〈법사공덕품〉에서 부처는 《법화경》을 받아 지니면 천이백 가지 뜻의 공덕을 가질 수 있다고 했다. 천이백 가지 뜻의 공덕을 가지면 어떻게 될까? 부처는 뜻의 근본이 깨끗하면 불경이나 게송 한 구절만 들어도 그 뜻을 이해할 수 있고, 수많은 세월 동안 그 구절을 가지고 연설해도 모두 진실에 어긋나지 않으며, 세상 그 어떤 일을 해도 진실에 어긋나지 않을 수 있다고 했다.

부처의 이 말은 출가한 보살들에게 하는 말이지만, 속세를 살아가는 우리에게, 특히 너무 많은 고민에서 벗어나고 싶은 사람들에게도 똑같은 가르침을 준다. 부처는 반드시 머리를 깎고 출가해야만 부처가 될 수 있다고 하지 않았다. 마음가짐이 깨끗하다면 무엇을 하든 해탈할 수 있다고 말했다. 그러므로 평범한 우리들, 특히 젊은이들에게는 겐코 선사의 말이 다소 속물적으로 들릴 수는 있지만 가장 현실적인 조언이다.

헛된 상상을 하며 조바심을 내고 초조해하는 것보다는 마음을 차분히 안정시키고 열심히 돈을 벌 수 있는 방법을 찾는 것이 낫다. 돈 버는 과정을 수행으로 생각하고 돈에 적대감을 갖거나 돈을 숭배하지 않으며 맑고 깨끗한 마음가짐을 유지하고 궁극적으로 이루고자 하는 목표를 잊지 않는다면, 해도 되는 일과 해서는 안 되는 일이 무엇인지 저절로 알 수 있을 것이다.

세상 모든 일은 그저 수단이다. 돈을 버는 것도 작은 수단이다. 자기 삶에서 도달하고자 하는 더 궁극적인 가치가 무엇인지 알아야 한다. 그럴 수 있다면 돈뿐만 아니라 제 아무리 중요한 것도 그저 작은 수단에 불과하다는 것을 깨닫게 될 것이다.

이 세상을 살면서 무엇을 추구하든 상관없다. 자신이 지금 무엇을 하고 있고, 자신의 처음과 끝은 어디에 있으며, 자기 삶의 본질이 무엇인지 안다면 당신은 이미 빈부의 울타리를 넘고 불타는 집의 문을 열고 나간 것이다. 그 문을 열고 나가면 사람의 삶이란 빈부나 선악 같은 폐쇄된 울타리에 갇혀 있는 것이 아니라 그 바깥에 더 넓고 무한한 무대가 있다는 사실을 알게 될 것이다.

**헛된 상상을 하며 조바심을 내고
초조해하는 것보다는
마음을 차분히 안정시키고
돈을 벌 수 있는 방법을 찾는 것이 낫다.**

부처는 가장 훌륭한 정신과 의사다

 부처는 《법화경》에서 우리가 살고 있는 곳이 우리의 집이 아니며 활활 불타고 있으니 서둘러 문을 찾아 빠져나와 자신의 집으로 돌아가라고 반복해서 말하고 있다. 그렇다면 우리 집은 어디에 있을까? 결코 먼 곳에 있지 않고 우리 몸 밖에 있지도 않다. 진정한 우리의 집은 바로 지금 이 자리, 즉, 우리의 몸 안에 있다. 부처가 되면 그 집으로 돌아갈 수 있다.

 부처가 된다는 건 무엇일까? 부처가 제자들에게 수기를 주고 그들이 부처가 된 후의 모습을 묘사할 때 가장 중요하게 강조한 것이 '깨끗함'이다. 부처가 된다는 건 다른 누군가로 변하는 것도 아니고, 우리 몸이나 사는 곳을 떠나 다른 곳으로 옮기는 것도 아니다. 바로 우리 본연의 깨끗한 상태로 돌아가는 것이다. 다시 말해, 부처가 된다는 것은 일종의 회귀이자, 마음을 깨끗이 씻어 내는 것이다.

부처가 성불한 과정을 살펴보면 그가 말한 부처가 된다는 것의 의미를 더 정확히 이해할 수 있다. 성불하기 전 석가모니는 왕자였지만 궁궐을 떠나 니련선하 근처에서 참선을 하다가 어느 날 보리수 아래에서 깨달음을 얻고 부처가 되었다.

초기 경전인 《수타니파타》 중 〈정진경(精進經)〉을 보면 부처가 참선할 때 제일 먼저 한 일이 마라를 항복시킨 것이었다. 마라란 욕계의 주인이다. 부처는 마라에 대해 이렇게 말했다.

"현세와 내세의 탐욕, 현세와 내세의 탐욕스러운 생각은 모두 마라의 영역이자 땅이며 농작물이자 가축이다. 이것이 욕심, 악의, 파멸을 일으켜 제자의 수행을 방해한다."

"색(色)을 마라로 보고, 파멸로 보고, 농창으로 보고, 창으로 보고, 고통으로 보고, 고통의 근원으로 보아야 하며, 수(受), 상(想), 행(行), 식(識)에 대해서도 모두 이렇게 보아야 한다."

석가모니가 참선을 하고 있을 때 마라가 찾아와 그의 수행을 방해하려고 했다. 처음에는 자신의 세 딸인 타나(갈애), 아라티(불쾌), 라가(탐욕)를 시켜 석가모니를 유혹하게 했지만 성공하지 못했고, 그 후에도 온갖 수단을 동원해 그의 수행을 방해하려고 했지만 모두 실패했다. 그러자 석가모니가 미라에게 이렇게 말했다.

"그대의 첫 번째 군대는 욕망이고, 두 번째 군대는 혐오이고, 세 번째 군대는 배고픔과 목마름이며, 네 번째 군대는 오욕을 탐하는 마음이다. 다섯 번째 군대는 피로와 수면이요, 여섯 번째 군대는 공포심이며, 일곱 번째 군대는 의혹, 여덟 번째 군대는 위선과 이기심이다. 아홉 번째 군대는 부정한 수단으로 얻은 이익과 명예, 명성이고, 열 번째 군대는 허풍 떨며 잘난 체하고 타인을 폄하하는 것이다. 하지만 나는 지혜로써 이것들을 궤멸시킬 수가 있다."

마침내 석가모니는 마라를 항복시킨 뒤 선정에 들어갔다.

부처는《살차가대경(薩遮迦大經)》에서도 자신이 성불한 과정에 대해 말했다. 석가모니가 단식 고행을 끝내고 음식을 먹어 체력을 회복한 뒤 선정을 시작했다.

처음에는 초선정 상태에 들어가 세상의 욕망과 쾌락을 멀리하고 선하지 못한 일을 멀리하며 갖가지 현상에 대해 생각하고 관찰했다. 그러자 떠남으로써 얻는 기쁨과 즐거움이 있었다.

제2선에 들어가서는 더 이상 생각하거나 관찰하지 않고 안으로부터 고요해지며 선정 자체에서 기쁨과 즐거움을 얻었다.

그다음 제3선에 들어가자 기쁨과 즐거움이 멈추고 평정심과 기억, 지혜가 생겼다.

제4선에 들어간 뒤에는 기쁨도 즐거움도 없고 평정심과 기억이 깨끗함으로 바뀌었다.

부처는 제4선의 상태를 "내 마음이 안정되었으며, 깨끗하고 순결하고 더러움이 없고, 부드러우면서도 질기고 유연하며, 견고하고 흔들림이 없었다"라고 묘사했다. 간단히 말해서, 부처가 된다는 건 더 이상 번뇌에 시달리지 않고 생사의 윤회에서 벗어나 모든 것이 깨끗한 상태가 되는 것이다.

부처가 되는 과정은 어떤 신비로운 변신이 아니라 심리적인 조절의 과정이다. 부정적인 마음을 끊임없이 극복하며 마음을 깨끗하게 하는 것이 바로 부처가 되는 과정인 것이다.

근대 계몽사상가 량치차오는 "불교는 심리학이다"라고 했다. 그의 이 말이 불교에 대한 정확한 정의다. 요즘 말로 바꾸자면, 부처는 심리학자이자 정신과 의사인 셈이다. 그는 인간의 심리에 숨겨진 비밀을 발견하고, 인간이 자기 마음의 힘으로 자유로워질 수 있는 방법을 발견한 사람이었다.

**부정적인 마음을 끊임없이 극복하며
마음을 깨끗하게 하는 것,
이것이 바로 부처가 되는 과정이다.**

법화경 마음공부 제4강
잘 산다는 것은 무엇인가?

부처의 진리 이야기

《법화경》 속으로

"진리는 멀리 있기도 하고 가까이 있기도 하다"

이때 부처께서 보살들과 법회에 온 사람들에게 말씀하셨다.

"모든 선남자들아! 너희는 반드시 여래와 여래가 말하는 진리를 믿고 이해해야 한다."

부처께서 또 말씀하셨다.

"너희는 반드시 여래와 여래가 말하는 진리를 믿고 이해해야 한다."

부처께서 세 번째로 말씀하셨다.

"너희는 반드시 여래와 여래가 말하는 진리를 믿고 이해해야 한다."

부처께서 세 번이나 말씀하시자 미륵보살이 보살들을 대표해 합장을 하고 여쭈었다.

"세존이시여! 저희에게 진실을 말씀해 주십시오! 저희가 반드시 부처님의 말씀을 믿고 받들 것이옵니다."

여러 보살들이 계속해서 청하자 부처께서 말씀하셨다.

"자세히 들어라. 여래는 비밀스럽고 신기한 힘을 가지고 있다. 세상의 모든 천신과 인간, 아수라는 석가모니 부처님께서 정반왕의 왕궁을 떠나 가야성에서 가까운 곳으로 가서 보리수 아래 앉아 무상정등정각의 지혜를 깨달았다고 생각한다. 하지만 선남자들아, 나는 무한한 백천만억 나유타겁 이전에 성불했다. 비유하자면 어떤 사람이 오백천만억 나유타 아승지의 삼천대천세계를 부수어 아주 작은 티끌로 만든 뒤 그것을 가지고 동방으로 향하면서 오백천만억 나유타 아승지의 세계를 지날 때마다 티끌 하나씩 떨어뜨리는데, 이런 식으로 동쪽으로 가면서 티끌을 모두 다 떨어뜨렸다고 하자. 선남자들아, 너희는 이런 세계가 얼마나 된다고 생각하느냐? 생각으로 그 수를 상상할 수 있겠느냐? 셈으로 그 수를 계산할 수 있겠느냐?"

미륵보살 등 여러 보살들이 대답했다.

"세존이시여, 이 모든 세계는 무한하여 셈으로 계산할 수 없고 생각으로 상상할 수 없습니다. 성문승과 연각승을 수행하는 모든 이들이 번뇌를 완전히 없앤 지혜로 깊이 생각해도 그 수를 상상하거나 짐작할 수 없습니다. 저희가 비록 물러서지 않는 보살이기는 하지만 그런 수는 도저히 알 수가 없습니다. 세존이시여, 그런 세계는 무한하고 끝이 없습니다."

이때 부처께서 보살들에게 말씀하셨다.

"선남자들아, 이제 너희에게 분명히 알려 주겠다. 이 세계에 작은 티끌이 떨어진 곳과 떨어지지 않은 곳을 모두 부수어 티끌로 만들고 티끌 하나에 일 겁이라고 하더라도 내가 성불한 것이 그보다 백천만억 나유타 아승지겁만큼 오래되었다. 나는 그때부터 지금까지 이 사바세계에서 설법하고 중생을 교화했으며 백천만억 나유타 아승지의 나라에서도 중생을 인도해 그들에게 이롭게 했다.

선남자들아, 나는 성불한 후 지금까지 연등불 등의 사람의 일에 대해 말하고 열반에 드는 것에 대해서도 말했지만, 이런 것들은 그저 중생을 교화하기 위한 교묘한 방법이었다. 선남자들아, 만일 어떤 중생이 내가 있는 곳에 오면 나는 부처님의 눈으로 그의 오근, 즉, 믿음, 정진, 생각, 선정, 지혜를 보고 그의 본성이 총명한지 어리석은지 보아 그들의 반응 능력에 따라 설교한다. 그래서 곳곳에서 나의 다른 이름을 말하고 내 나이의 많고 적음에 대해 논했으며 현재 내가 열반에 든다고 말하기도 했다. 또 여러 가지 교묘한 방법으로 미묘한 불법을 설하여 중생에게 기쁜 마음이 들게 했다.

선남자들아, 여래는 모든 중생의 근성을 꿰뚫어 보고 소승법을 좋아하여 덕이 적고 습관이 심한 사람에게는 '나는 젊어서 출가해 수행하여 무상정등정각을 얻었다'고 말했다. 하지만 내가 진실로 성불한 것은 앞에서 말한 것처럼 오래되었다. 그저 중생을 교화해 불도를 얻게 만들기 위해 그렇게 말한 것이다.

여러 선남자들아, 여래가 말한 모든 경전은 중생을 구제해 고통에서 벗어나게 하기 위한 것이다. 때로는 여래가 자기 몸에 대해 말하기도 하고, 때로는 여러 부처의 몸에 대해 말하기도 하며, 때로는 자기 몸으로 세상에 나타나고, 때로는 부처의 몸으로 세상에 나타난다. 또 때로는 자기 능력을 보여 주고, 때로는 남의 능력을 보여 준다. 비록 방식은 다르지만 모두 진실하고 거짓됨이 없다. 여래는 욕계, 색계, 무색계의 모든 모습을 꿰뚫어 볼 수 있기 때문이다. 태어남도 없고 죽음도 없고, 밖으로 사라짐도 없고 안에서 나옴도 없으며, 세상에 머무는 것도 없고 소멸되는 것도 없다. 실제로 있는 것도 없고 허망한 것도 없으며, 모든 불법은 한 가지도 아니고 여러 가지도 아니다.

또 중생이 삼계를 보는 것과 여래가 삼계를 보는 것이 다르다. 여래는 이런 많은 것들을 작은 그릇됨도 없이 투명하게 꿰뚫어 본다. 중생에게는 각기 다른 습성과 욕망이 있고 또 각기 다른 행을 하고 있으며 각기 다른 생각을 가지고 분별하는 습성이 있다. 그러므로 여래는 모든 중생이 선근(善根)을 심도록 만들기 위해 과거의 인연을 말하거나 비유를 인용해 가르치거나 알맞은 말로 설명하는 등의 방법으로 중생을 교화했다. 이 모든 것을 한 순간도 멈추지 않았다. 내가 성불한 지 매우 오래 되었고 수명도 무한한 아승지겁이므로 영원히 이 세상에 머물며 사라지지 않는다.

선남자들아! 내가 본래 보살의 도를 수행할 때 이룬 수명이 아직 끝나지 않아 위에서 말한 수명의 몇 배가 남아 있다. 내가 진정으로 열반에 들지 않으면서 모두에게 열반을 얻으라고 말하는 것은 교묘한 방법일 뿐이다. 내가 중생에게 부처가 열반에 들지 않고 이 세상에 오래 머물 것이라고 말하면 덕이 얕은 중생은 선근을 심지 않고 의지하려고만 하고 빈천한 중생은 오욕에 사로잡혀 자기 생각에 집착하며 허망하고 그릇된 소견의 그물에 빠지기 때문이다.

만약 여래가 영원히 떠나지 않고 살아 있는 것을 보면 교만하고 방종하는 마음이 생기고 싫증을 내고 수행을 게을리 하며 여래를 만나기 어렵다고 생각하지 않고 공경하는 마음도 부족하게 된다. 그러므로 여래가 교묘한 방법으로 중생에게 '비구들이여, 이 세상에 나오신 부처님을 만나는 것이 참으로 어려운 일임을 분명히 알라!'라고 말하는 것이다. 덕이 얕은 이들은 생명의 무한한 흐름 속에서 부처님을 겨우 만나기도 하고 만나지 못하기도 하기 때문이다.

내가 '비구들이여, 여래를 만나기란 참으로 어렵다!'라고 말하면 중생이 그 말을 듣고 부처님을 만나기 어렵다고 생각해 마음속에 연모하는 생각을 품고 부처님을 간절하게 그리워한다. 이렇게 해야 선근을 심을 수 있다. 그러므로 여래는 실제로는 멸도하지 않지만 교묘한 방법으로써 내가 이미 멸도했다고 말하는 것이다."

-《법화경》〈여래수량품〉에서

부처가 걷는 걸음마다 연꽃이 핀 이유

불교에서는 우리가 최종적으로 해탈하는 방법이 부처가 되는 것이라고 한다. 그런데 부처란 무엇일까?

요시다 겐코가 여덟 살 때 아버지에게 물었다.

"부처님이 뭐예요?"

아버지가 대답했다.

"원래 사람이셨지."

"사람이 어떻게 부처가 됐어요?"
"부처님의 가르침을 따르면 된단다."
"가르침을 주시는 부처님은 누가 가르쳤어요?"
"그 이전의 부처님이 가르쳤지."
"그럼 그를 가르친 처음의 부처님은 어떻게 부처님이 되셨나요?"
"하늘에서 내려오셨을까, 땅에서 솟으셨을까?"

아버지가 이렇게 대답하고는 껄껄 웃었다. 이것은 《츠레즈레구사》의 마지막에 나오는 이야기다.

부처는 누구이고 또 어디에 있는지 궁금해하는 사람이 많겠지만, 《밀린다왕문경》에 따르면 최초의 부처가 누구인지는 알 수 없다. 요시다 겐코의 아버지 말대로 부처는 사람이다. 정말로 그런 사람이 살았을까?
밀린다왕이 인도 승려 나가세나에게 물었다.

"스님은 부처를 본 적이 있습니까?"

나가세나가 대답했다.

"본 적이 없습니다."

밀린다왕이 다시 물었다.

"그럼 스님의 스승은 부처를 본 적이 있습니까?"
"제 스승님도 본 적이 없습니다."
"그렇다면 부처는 실제로 존재하지 않는 것이 아닙니까?"

나가세나가 물었다.

"왕께서는 히말라야 산 중의 우하강을 본 적이 있습니까?"
"본 적이 없습니다."
"왕의 아버님께서는 본 적이 있습니까?"
"본 적이 없습니다."
"그렇다면 우하강도 실제로 없는 것이 아닙니까?"
"저도 제 아버님도 우하강을 본 적은 없지만 우하강은 실제로 그곳에 있습니다."

그러자 나가세나가 말했다.

"저도 제 스승님도 부처를 본 적은 없지만 부처는 실제로 계십니다."

고대 문헌을 보아도 부처라는 사람은 실제로 존재했다. 부처는 원래 평범한 사람이었지만 긴 여정을 겪은 뒤 어느 순간 무한한 광명 속으로 들어가 모든 것을 비추는 부처가 되었다. 그는 석가족의 왕자였고, 그의 아버지는 정반, 어머니는 마야였다. 아버지가 그에게 지어 준 이름은 싯다르타였다. 그는 29세에 왕위를 포기하고 집을 떠나 인생의 고통에서 벗어날 수 있는 길을 찾기 위한 여정을 시작했으며, 약 35세에 보리수 아래에서 깨달음을 얻고 부처가 되었으며, 그 이후 45년간 불법을 전파하는 데 매진했다.

그의 탄생과 입적 시기에 대해서는 기원전 566년에 태어나 80세까지 살다가 기원전 486년에 열반에 들었다는 설이 널리 알려져 있지만 확실한 것은 아니다. 현장의 《대당서역기(大唐西域記)》에도 "부처가 열반에 든 지 얼마나 되었는지에 대해서는 이견이 있다. 천이백 년이라는 주장도 있고 천삼백 년이라는 주장도 있으며, 천오백년 또는 구백 년은 넘었지만 천 년은 안 된다는 주장도 있다"라고 기록되어 있다.

마야 부인이 서 있을 때 오른쪽 옆구리에서 부처가 태어났는데 부인이 서 있던 곳이 룸비니 동산이었다. 《대당서역기》를 보면 현장이 그 동산의 유적지에 갔다가 아소카 왕의 돌기둥을 보았는데 거기에 "아소카 왕 즉위 20년에 석가모니가 탄생한 이곳에 친히 와서 참배한 뒤 여기에 돌기둥을 쌓아 석가모니의 탄생지를 기리게 했으며 룸비니 마을은 세금을 면제해주었다"라고 새겨져 있었다고 한다.

석가모니의 일대기를 기록한 《방광대장엄경(方廣大莊嚴經)》에 따르면, 부처는 태어나자마자 동서남북으로 일곱 걸음씩 걸었다고 한다.

부처가 동쪽으로 일곱 걸음 걸어가서 말했다.

"나는 온갖 선한 법을 얻어 중생을 위하여 말하리라."

부처가 남쪽으로 일곱 걸음 걸어가서 말했다.

"나는 여러 천신과 인간에게 공양을 받으리라."

부처가 서쪽으로 일곱 걸음 걸어가서 말했다.

"나는 이 세상에서 가장 높고 가장 뛰어나다. 이것이 내 최후의 모습이니 나는 태어나고 늙고 죽음을 다 끝냈도다."

부처가 북쪽으로 일곱 걸음 걸어가서 말했다.

"나는 모든 중생 가운데 지고무상한 우두머리가 되리라."

부처가 아래로 일곱 걸음 걸어가서 말했다.

"나는 모든 악마와 그 군대를 궤멸시킬 것이며, 위대한 법 구름으로 모든 지옥의 불에 비를 내려 중생이 안락을 얻게 할 것이다."

또 위로 일곱 걸음 걸어가서 말했다.

"나는 모든 중생의 숭배를 받을 것이다."

부처가 걸음을 내딛을 때마다 발이 닿는 곳에서 연꽃이 피어났다고 한다. 신화적인 색채가 짙은 이 일화를 접한 사람들은 부처를 신적인 존재로 생각하게 된다.

부처는 누구인가?
부처는 어디에 있는가?
부처는 어떻게 부처가 되었는가?

부처는 신인가, 인간인가?

정반왕의 아들이었던 평범한 사람이 부처가 되었다. 사람들은 이것을 보고 신선이 되었다고 생각하기 쉽다. 특히 도교 문화에 친숙한 사람은 인간이 신선이 되면 흰옷을 펄럭이며 멀고 먼 산이나 외딴 섬으로 떠나 홀로 산다고 여긴다. 하지만 정반왕의 아들은 부처가 된 후 하늘에 올라가지 않고 인간 세상에 머물렀다. 인간 세상에서 무엇을 했을까? 사람들에게 불법을 알렸다.

지금 우리가 알고 있는 부처의 행적들은 대부분 문헌 기록이 아니라 구전된 전설이지만, 그가 했던 이야기를 기록한 불경도 많이 남아 있다. 그 불경들을 통해 부처의 존재를 간접적으로 알 수 있다. 그의 제자들이 부처가 45년간 불법을 전파하며 했던 이야기를 기록해 불경으로 남겨 놓았다. 모든 불경은 부처가 어떤 곳에서 제자들과 함께 있었다는 말로 시작되어 부처가 제자의 질문에 대답하는 방식으로 이이진다. 대부분의 불경은 부처와 제자의 문답이며, 질문과 대답을 주고받는 가운데 불법에 대한 해석이 이루어진다.

《금강경》은 문답을 통해 이치를 설명하는 방식으로 대부분 스승과 제자가 평소에 수업하는 듯한 평범한 장면들로 구성되어 있지만,《법화경》은 전혀 다르다. 이치를 설명할 뿐 아니라 문답 사이사이에 극적인 요소들이 배치되어 있다.

법회가 열리는 곳은 왕사성의 기사굴 산이고 법회에 참석한 사람들은 대비구 만이천 명이었다. 처음부터 끝까지 장소도 그대로이고 참석자들도 거의 비슷하지만, 부처와 제자들이 토론하는 동안 계속 신기한 일이 일어난다. 심지어 어떤 대목에서는 시공을 초월하는 아름다운 신화를 읽고 있는 듯한 착각이 들기도 한다.

우리처럼 평범한 사람은《법화경》을 읽으면 정반왕의 아들이 부처가 된 후 세상을 떠나 하늘이나 신비로운 섬으로 가지 않았을 뿐이지 신선처럼 자유롭게 돌아다닐 수 있는 존재였다고 믿기 쉽다.

도입부부터 부처가 《무량의경(無量義經)》에 대해 말한 후 가부좌를 맺고 선정에 들자 하늘에서 내려온 흰 만다라꽃과 붉은 만수사꽃이 부처와 법회에 참석한 사람들 위로 뿌려지고 여섯 가지 진동이 나타난다. 그 자리에 있는 모든 이가 한없는 기쁨을 느끼며 부처를 우러러 볼 때 부처의 미간에서 밝은 빛이 발산되며 산천대지, 불국정토, 아비지옥까지 모두 환하게 비추고 이 빛으로 인해 모든 중생과 부처를 다 볼 수 있게 된다. 미간에서 빛이 뿜어져 나오는 광경을 상상해 보라. 신기하지 않은가.

그다음 〈방편품〉에서 〈법사품〉까지는 부처가 평온하게 일불승의 이치를 논하고 모든 중생이 《법화경》을 잘 따르기만 하면 부처가 될 수 있다고 말한다. 하지만 그 뒤 제11품인 〈견보탑품〉에서 가장 화려하고 기묘하며 불가사의한 장면이 등장한다. 부처 앞에서 갑자기 칠보탑이 바닥을 뚫고 솟아나더니 공중으로 떠오른 것이다. 평범한 탑이 아니라 일반인은 상상도 못할 만큼 화려하고 거대한 보탑이었다.

"부처님 앞에 칠보탑이 있었는데 그 높이가 오백 유순이요, 가로와 세로는 이백오십 유순이었다. 땅에서 솟아올라 공중에 떠 있었으며 갖가지 보물로 장식되어 있었다. 난간이 오천 개, 감실이 천만 개나 되고 수많은 깃발로 장식되어 있었으며, 보배로 된 구슬 목걸이를 드리우고, 탑 위에는 만억의 보배 풍경이 달려 있었다. 동서남북 사면에서 다마라발전단의 향기가 나서 세계에 가득차고, 모든 깃발은 금, 은, 유리, 자거, 마노, 진주, 매괴 일곱 가지 보배로 이루어져 있었다. 탑의 높이가 하늘나라 사천왕의 궁전까지 이르렀다. 삼십삼천의 하늘나라에서 만다라꽃이 비 오듯이 내려 보배탑에 공양하고, 다른 여러 천룡, 야차, 건달바, 아수라, 가루라, 긴나라, 마후라가와 사람, 사람 아닌 이 등등 천만억 대중이 모든 꽃과 향기, 영락, 깃발, 기악으로 보배탑에 공양하고 공경하고 존중하며 찬탄했다."

부처 앞 땅에서 칠보탑이 솟구쳤다니 신비롭기 그지없다. 하지만 이게 전부가 아니었다. 더 신기하게도 칠보탑에서 찬탄하는 소리가 우렁차게 울려 퍼졌다.

"거룩하고 훌륭하시도다! 평등한 지혜를 가진 석가모니 부처가 중생을 위해 보살의 수행 방법과 모든 부처가 보호하시는 《법화경》을 설법하시도다. 석가모니 부처가 하시는 말씀은 모두 진실이로다!"

과거불인 다보불이 탑 안에서 찬탄하는 소리였다.
그 후 석가모니 부처의 미간에서 한 줄기 빛이 나와 동방 세계를 비추니 오백만억 나유타의 항하강 모래 같은 수많은 불토의 여러 부처를 볼 수 있었다. 그들은 모두 부처의 분신불이었다. 그들이 열 방위에서 모여들어 모두 법회에 나타난 뒤 석가모니 부처 주위의 여덟 방위에 나누어 앉았다. 석가모니 부처가 자리에서 일어나 허공으로 떠오르자 모든 제자들이 일어나 합장하며 부처를 우러러 보았다. 부처가 오른 손가락으로 칠보탑의 문을 열자 큰 소리와 함께 문이 열리며 다보불이 사람들 앞에 모습을 드러냈다. 보탑에 앉은 다보불이 사자좌의 절반을 석가모니 부처에게 내어준 뒤 두 부처가 나란히 앉았으며 부처의 신통한 능력으로 모든 제자들이 허공으로 떠올랐다.

두 부처가 허공에 뜬 탑 안에 앉아 있고 수많은 제자와 화신불이 허공을 가득 메운 채 떠 있는 장면을 상상할 수 있겠는가? 그런 장면을 본 적이 있는가? 이 장면에서 사람들은 의문이 들기 시작한다. 《법화경》은 신화일까? 칠보탑이 어떻게 땅속에서 솟아오를 수 있을까? 부처에게는 어떻게 그렇게 많은 분신불이 있는 걸까?

법회에 참석한 제자들 역시 눈앞의 광경에 감탄하면서 또 한편으로는 의구심을 누를 수가 없었다. 그 후 〈종지용출품〉에서 수많은 보살들이 땅을 뚫고 솟아오르자 마침내 미륵보살이 참지 못하고 부처에게 이렇게 물었다.

"세존이시여, 여래께서 정반왕의 왕궁을 떠나시고 성불하신 지 마흔 해 남짓밖에 되지 않았는데 어떻게 그렇게 짧은 기간에 이처럼 많은 보살들을 교화하셨습니까? 비유하자면 스무 살이 조금 넘은 젊은이에게 백 살 넘은 친아들이 있는 것과 같으니 참으로 믿기가 어렵습니다."

정반왕의 아들 싯다르타는 부처가 된 후
하늘에 올라가지 않고 인간 세상에 머물렀다.
인간 세상에서 무엇을 했을까?
사람들에게 불법을 알렸다.

# 프로이트가
《법화경》을 만났을 때

〈여래수량품〉에 미륵의 질문에 대한 부처의 대답이 나온다. 부처는 자신의 제자에게 한 가지 비밀을 알려 준다.

"선남자들아, 이제 너희에게 분명히 알려 주겠다. 이 세계에 작은 티끌이 떨어진 곳과 떨어지지 않은 곳을 모두 부수어 티끌로 만들고 티끌 하나에 일 겁이라고 하더라도, 내가 성불한 것이 그보다 백천만억 나유타 아승지겁만큼 오래되었다. 나는 그때부터 지금까지 이 사바세계에서 설법하고 중생을 교화했으며, 백천만억 나유타 아승지의 나라에서도 중생을 인도해 그들에게 이롭게 했다."

부처는 여러 가지 방식으로 중생을 일깨워 주었을 뿐, 지금껏 한 번도 이 세상을 떠난 적이 없으며 자신이 열반에 들었다고 말한 것도 중생이 부지런히 불법을 수행하도록 하기 위해 교묘한 방법을 쓴 것이라는 뜻이다.

우리처럼 평범한 사람이 〈여래수량품〉을 읽으면 부처가 정반왕의 아들에서 부처가 된 후 수명이 거의 영생에 가까울 만큼 늘어난 것으로 이해하기 쉽다. 정말로 그렇다면 부처가 된다는 건 정말로 신선이 되는 것과 다를 바 없다. 하지만 부처는 자신이 신선이라고 말한 적도 없고, 고대 문헌을 보아도 부처는 자신의 학설이 마술이나 주술과 혼동되는 것을 결코 원치 않았다.

《장아함경(長阿含經)》〈견고경(堅固經)〉에서 부처는 자신이 어떤 비구에게 신통한 변신술을 보여 주게 한다면 사람들은 그가 간다리라는 주문을 외웠을 뿐이라고 생각할 것이고, 또 어떤 비구에게 남의 마음을 읽어 내게 한다면 사람들은 그가 마니가라는 주문을 외웠을 뿐이라고 생각할 것이라고 했다. 부처는 설사 그런 신통한 능력을 가졌다고 해도 해탈의 지혜를 얻은 것은 아니라고 했다.

그렇다면 부처가 〈여래수량품〉에서 말한 비밀을 어떻게 이해해야 할까? 불경의 글귀만으로는 정확히 이해하기 어렵지만 불교의 전체적인 이론 체계를 살펴보면 부처가 말한 비밀과 칠보탑과 보살이 땅에서 솟아오른 일이 초현실적인 신비가 아니라 현실적인 진리를 형상화한 것임을 알 수 있다.

대승불교에는 화신(化身), 응신(應身), 법신(法身)이라는 삼신이 있다. 법신이란 진리가 모여서 만들어진 불신(佛身)이고, 응신은 수행을 통해 얻은 결과가 모여서 만들어진 불신으로 보신(報身)이라고도 한다. 화신은 중생을 교화하기 위해 그때그때 변화하는 불신이다. 모든 부처는 이 삼신으로 이루어져 있는데, 이는 불변의 진리를 상징하는 동시에 오랫동안 수행하면서 평범한 사람의 모습으로 이 세상에 나타남을 의미한다.

천태종에서는 법신불, 보신불, 화신불을 구분한다. 비로자나불이 법신불이고, 노사나불은 보신불이며, 석가모니불은 화신불 또는 응신불이다. 비로자나(Vairocana)와 노사나(Locana) 모두 '광명'을 의미하지만 차이가 있다. 비로자나는 '모든 곳을 비추는 광명'이다. 이 때문에 밀종에서는 비로자나를 '대일여래(大日如來)'라고 부른다.

수나라 때 혜원이 지은 《대승의장(大乘義章)》을 보면 "불법이 몸이 된 것을 법신이라고 한다"라고 되어 있다. 불법이 몸이 되었다는 것은 인격화된 진리(불법)를 의미한다. 노사나는 '정만

(淨滿)'이라고도 번역하는데, 불법이 성과를 얻음으로써 부처의 지혜가 드러난 불신을 의미한다. 석가모니불은 중생을 교화하기 위해 인연에 따라 변하는 불신이다.

삼신불 이론은 우리가 자아를 새롭게 인식할 수 있는 문을 열어 주었다. 모든 사람의 자아는 이 삼신으로 이루어져 있다. 본성을 지키고 있는 진정한 나, 자신의 행동과 생각이 만들어 내는 운명인 개성적인 나, 사회에서의 역할에 따라 바뀌는 사회적인 나가 바로 그것이다.

프로이트는 모든 종교는 비현실적인 환상이라며 배척했지만, 자아에 관한 그의 발견은 불교의 삼신과 절묘하게 맞닿아 있다. 프로이트는 두 가지 면에서 인류에 크게 기여했다.

첫째는 잠재의식을 발견한 것이다. 그는 우리 마음속 깊숙한 곳에 우리가 의식하지 못하는 거대한 부분이 감추어져 있다고 했다. 어째서 의식하지 못할까? 이 사회가 우리에게 오랫동안 주입한 선입견에 짓눌려 마음속 가장 밑바닥에 깔려 있기 때문이다. 둘째는 자아가 이드, 자아, 초자아로 이루어져 있다는 이론을 세운 것이다. 프로이트는 사람들이 사회가 요구하는 역할을 수행하며 살아가고 있지만 사실 그것은 진정한 자신이 아니며, 진정한 자신은 억눌리고 망각된 상태에 있음을 발견했다.

자아 속에 존재하는 불변의 요소를 불교에서는 불성 또는 진여(眞如)라고 부른다. 육신이 사라져도 불성은 사라지지지 않는다. 프로이트는 이것을 잠재의식이라고 불렀고, 그의 제자 융은 이것을 집단 무의식이라고 불렀다. 잠재의식보다는 집단 무의식이라는 개념이 불교의 전생과 현생 이론과 더 비슷하다. 생명은 단 한 번으로 끝나는 것이 아니라 출생 이전과 사망 이후까지 이어져 있다. 모든 사람의 의식 속 깊숙한 곳에 가족의 기억, 종족의 기억, 존재의 기억 등 수많은 기억이 숨어 있으며, 사람들이 복잡한 생활 속에서 그 기억을 잊어버리고 자신이 이 세상에 온 길을 망각한 것이다.

이것을 불교의 관점에서 표현하자면, 대부분의 사람들이 보신과 화신은 볼 수 있지만 법신은 보지 못하고, 심지어 법신이 있다는 것조차 모르고 있다는 것을 알 수 있다. 하지만 석가모니는 수행을 통해 그 기억으로 통하는 문을 연 뒤 법신을 보고 부처가 되었다. 원시불교의 경전인 《방광대장엄경》에 '신통(神統)'이라고 번역된 단어의 산스크리트어 어원을 찾아보면 '기억'이라는 뜻이다. 《법화경》에도 부처가 중생의 기억을 환기시켜 그들의 생명 안에 끝없이 이어져 있는 인연을 떠올리게 하는 대목이 여러 번 등장한다.

이것이 바로 불성이다. 따라서 부처가 된다는 것은 불성이자 법신을 찾는다는 뜻이다. 현대 심리학 용어로 바꾸어 표현한다면, 부처가 된다는 것은 곧 잠재된 자신이자 집단 무의식을 찾는 것이며, 사회가 우리를 가두어 놓은 울타리를 넘어 자아 본연의 상태로 돌아감을 의미한다.

> 부처가 된다는 것은
> 곧 잠재된 자신이자 집단 무의식을 찾는 것이며,
> 자아 본연의 상태로 돌아간다는 것이다.

태어남도 없고
죽음도 없는 세계

　부처는 〈여래수량품〉에서 "여래는 욕계, 색계, 무색계의 진정한 모습을 꿰뚫어 볼 수 있다"고 말했다. 부처가 바라보는 세상의 모든 것은 태어나지도 않고 죽지도 않고, 밖으로 물러나지도 않고 안에서 나오지도 않는다. 또 세상에 머무는 것도 없고 사라지는 것도 없으며, 실제로 있는 것도 아니고 허망한 것도 아니다. 중생이 보는 삼계와 부처가 보는 삼계는 다르다.
　무한한 수명이란 우리가 말하는 육신의 수명이 아니라 불성이자 법신이다. 부처가 말하는 무한한 수명은 불로장생과는 다르다. 부처의 학설에는 신화도 없고 미신도 없다. 부처가 장수나 신통력을 추구한 것이 아니라 진리이자 존재의 진정한 모습을 추구했기 때문이다.

부처는 존재의 진정한 모습을 깨달아야만 인생에서 부딪히는 문제들을 궁극적으로 해결할 수 있다고 생각했다. 그러므로 자신이 아주 오랜 세월 이 세상에 머물렀다는 부처의 말은 그의 육신 또는 보신이나 화신이 아니라 그의 법신, 더 정확히 말하면 불성에 관한 얘기다. 그래서 〈법사품〉을 보면 부처가 제자들에게 자신이 열반한 후에라도 불법을 믿고 따르며 널리 알리고자 하면 자신을 볼 수 있다고 말한 것이다.

그렇다면 불법은 어디에 있고 부처는 또 어디에 있을까?《열반경(涅槃經)》에서 "부처는 곧 부처님의 성품이다"라고 했다.

무한한 수명이란 존재의 가장 본질적인 상태를 의미한다. 그것은 태어나지도 않고 죽지도 않고 그곳에 계속 있었다. 혜능은 "태어나기 전과 죽은 후에 네가 어떤 모습인지 생각해 보라"라고 말했다. 평범한 사람은 대부분 자기 눈앞에 보이는 것밖에는 보지 못한다. 일부는 인류 전체의 역사를 볼 수 있고, 지구와 지구상에 사는 생명의 역사를 볼 수 있는 사람도 조금은 있겠지만, 우주의 역사와 현재, 미래를 모두 볼 수 있는 사람은 극소수뿐이다. 부처가 바로 그런 사람이었다.

태어나기 전과 죽은 후는 인간 세상의 개념이 아니라 우주의 개념이다. 그곳은 우리가 태어나고 죽는 이 세상과는 완전히 다른 세상이다. 생사의 세계는 끊임없이 변화하고 생과 사의 사이에서 윤회한다. 우리는 하루하루 계속 늙어 가는 얼굴을 마주해야 하고 흥망성쇠를 경험해야 한다. 하지만 그 세계에서는 모든 것이 고요하고 평안하다. 시작이 없으므로 당연히 끝도 없다. 형태와 색, 자연의 식물과 생물, 우리가 느끼고 알 수 있는 세상 모든 것들 안에서 절대적으로 안정된 상태로 존재한다. 우리의 몸, 나뭇잎, 물방울, 심지어 작은 동물의 솜털이라도 우리가 깨끗한 마음으로 존재 자체에 집중한다면 그곳에 깃들어 있는 불성을 발견할 수 있을 것이다. 그 어디에든, 그 무엇에든, 그 어떤 색깔과 소리에든 가장 궁극적인 진리가 담겨 있다.

이것은 부처가 연 세계다. 이는 일반적인 사고와 분석으로 이해하거나 언어로 표현할 수 있는 세계가 아니다. 그래서 부처는 여러 가지 교묘한 방법과 인연, 비유를 통해 설명할 수밖에 없었다. 2천 5백 년 뒤 심리학자 융도 "인간의 이해 영역을 넘어선 것들이 많기 때문에 우리가 정의하거나 이해할 수 없는 개념을 상징적인 단어로 표현한다"고 말했다. 모든 종교가 상징적인 언어와 이미지를 사용하는 이유가 바로 여기에 있다.

그러므로 불경을 읽을 때 부처가 불성을 설명하기 위해 은유적인 언어를 사용했음을 알아야 한다. 은유적인 방식으로 접근

해야만 자신이 진정으로 하고자 하는 말을 이해시킬 수 있기 때문이다. 이 사실을 모른 채 불경을 읽으면 그저 기담이나 전설을 읽는 것과 다를 바 없다.

〈견보탑품〉과 〈종지용출품〉으로 다시 돌아가 보자. 어떻게 땅속에서 거대한 탑이 솟아오르고 보살들이 솟구쳐 오를 수 있을까? 부처가 정말 신통력을 지닌 걸까? 그렇지 않다. 물리적인 의미의 탑이 땅속에서 솟아올랐다는 것이 아니다. 땅은 우리의 마음을, 탑은 불성을 상징하는 은유다.

부처가 화려하고 신비스러운 비유를 사용했지만 그가 전하고자 한 메시지는 아주 단순하다. 《법화경》의 일불승을 따라 수행하면 불생불멸의 진정한 모습을 깨닫게 된다는 것이다. 그 진정한 모습을 깨닫고 흔들림 없이 산다면 우리도 부처, 즉, 불생불멸의 상태가 될 수 있음을 알려 주고자 한 것이다.

**우리의 몸, 나뭇잎, 물방울, 심지어 작은 동물의 솜털이라도
깨끗한 마음으로 존재 자체에 집중한다면
그곳에 깃들어 있는 불성을 발견할 수 있을 것이다.**

지금 마음이 편안하다면, 나도 부처다

인간이 궁극의 진리, 즉, 태어남도 없고 죽음도 없는 불생불멸의 상태에 도달하면 부처가 되었다고 말한다. 그러면 어떻게 해야 그곳에 도달할 수 있을까? 기차나 비행기를 타고 어떤 곳으로 가는 것일까?

물론 그렇지 않다. 부처가 된다는 것은 몸이 어딘가에 도착한다는 뜻이 아니라 사람의 마음이 움직이는 것을 의미한다. 《법화경》에서 부처는 늘 한 곳에 앉아 있지만 그곳에 가만히 앉아서도 시간과 공간을 초월한다. 몸은 중요하지 않다. 중요한 건 마음의 작용이다.

프랑스의 신학자 겸 인류학자인 샤르댕은 "근본의 소리를 듣고 싶다면 조용히 귀를 기울이라"라고 말했다. 소란스러움과 번잡함에서 벗어나고 싶은가? 그러면 자기 영혼 속 깊숙한 곳으로 들어가 모든 미묘한 차이를 떨쳐 내라. 한계를 측정할 수 있는 모든 것을 넘어 그 안에 감추어진 본질을 발견하려고 노력해 보라. 세상의 본질이 그 안에서 당신이 돌아오길 조용히 기다리고 있다. 그것과 하나로 동화되면 당신도 무한의 경지를 느낄 수 있을 것이다. 그곳은 우리가 거의 생각하지 못하고 도달하기도 힘든 경지다.

현실에서 세상의 명리를 좇아 동분서주하는 동안 우리는 많은 것을 기억하지만 또 많은 것을 잊고 있다. 누구나 언젠가는 죽는다는 것, 날마다 태양이 뜨고 진다는 것 등등…. 생각해 보라. 우리는 태어나기 전에 어떤 모습이었으며, 죽은 뒤에는 또 어떤 모습이 될까? 어떻게 하면 생사를 초월해 진리로 향하는 문을 열고 그 경지로 들어갈 수 있을까? 태어나기 전과 죽은 후를 생각해 본다면 생명의 존재가 이 생으로 끝나는 것이 아니라 무한하다는 사실을 깨닫게 될 것이다. 부처는 이 비밀을 발견하고 보리수 아래에서 궁극의 경지에 도달했다. 그것은 바로 마음의 힘이었다.

생명이 육신에서만 그치지 않는다는 깨달음을 얻고 진리를 발견하게 하는 힘은 몸이 아니라 마음에서 나온다. 이 사실을 알고 《법화경》을 다시 읽어 보자. 그러면 더 이상 신화나 전설로 느껴지지 않고 실재하는 불성을 발견하게 될 것이다. 우리의 진정한 생명을 이루고 있는 것은 몸이 아니라 마음이다. 몸은 수시로 변화하는 형식에 불과하다. 몸은 시공을 초월할 수 없지만 마음은 그럴 수 있다. 그러므로 마음으로 부처를 이해해야 한다. 부처는 육신이 아니라 마음의 일에 대해 얘기했다. 부처가 된다는 것은 몸이 부처로 변한다는 뜻이 아니라 마음의 깨달음을 얻는다는 의미다.

중국의 도교에서는 육신이 늙지도 죽지도 않는 신선이 되기를 갈망하며 연단술을 열심히 연마했다. 하지만 도교가 등장한 지 수천 년이 지나도록 누가 불로장생의 신선이 되었다는 얘기를 한 번도 들어 본 적이 없다.

부처는 육신의 장수를 추구한 적도 없고 인간이 신선이 될 수 있다고 말한 적도 없다. 오히려 반대로 부처는 현실의 번뇌에서 벗어나고 싶다면 인간의 육신이 언젠가는 반드시 썩어 없어진다는, 이 기본적인 사실을 받아들여야 한다고 강조했다. 그 어떤 방법으로도 바꿀 수 없는 이 사실을 직시하라고 말이다.

불로장생을 갈망하고 절대로 병들지 않을 수 있는 방법을 고민하고 있다면 참으로 어리석다. 이 세상에 태어난 이상 그 누구도 생로병사를 피할 수 없다.

생로병사는 모두 육신의 일이며 오직 이 생에만 국한된 것이다. 부처는 육신과 완전히 다른 방향을 가리켰다. 바로 마음이자 영혼이다. 우리가 육신의 세계에서는 편안히 살 수 없지만, 마음의 세계에서는 언제나 편안히 머물 수 있다.

마음의 세계에는 우리가 알 수 없는 법칙이 아주 많다. 잠재의식이나 집단 무의식 같은 현대 심리학의 이론들이 불법과 일맥상통한다. 마음은 시간을 초월해 존재할 수 있다. 프로이트와 융은 개인의 심리 영역을 각각 '고태적인 잔존물'과 '원형'이라는 말로 표현했다. 한마디로 육체는 그저 죽으면 사라지는 개체일 뿐이지만, 기억, 이미지 같은 심리적인 것들은 육체를 초월해 대대로 이어진다는 얘기다.

《법화경》에서 부처는 자신이 이 세대에만 나타나는 것이 아니라 과거에 젊은 승려나 국왕, 고행승 등이었다고 말한다. 그가 예전에 작은 동물이었다고 적혀 있는 불경도 있다. 부처는 다양한 형태로 바꾸어 가며 이 세계에 나타났으며, 그의 목적은 오직 하나, 궁극의 진리를 깨달아 절대적으로 안정된 마음을 갖는 것이었다.

만일 지금 당신이 정반왕의 아들이 그랬던 것처럼 "내 마음이 온전히 안정을 찾았다"라고 말할 수 있다면 당신은 부처가 된 것이다. 티 하나 없이 맑고 깨끗하며 안정된 마음 상태가 바로 부처다.

> **만일 지금 마음이 온전히 안정을 찾았다면**
> *부처가 된 것이다.*
> **티 하나 없이 맑고 깨끗하며 안정된 마음 상태가**
> **바로 부처다.**

부처의 수만 가지 이름들에 얽힌 사연

부처는 어떻게 조금도 흔들리지 않는 안정된 마음을 가질 수 있었을까? 그가 모든 것을 깨달았기 때문이다.

《법화경》에는 석가모니 외에도 여러 부처가 등장한다. 〈서품〉에서 문수보살이 부처가 무한한 시간의 강에서 다양한 화신으로 세상에 나타나는데 그 이름이 일월등명불이라고 말하고, 〈화성유품〉에서는 부처가 헤아릴 수 없이 오래된 과거에 대통지승여래(大通智勝如來)가 있었다고 말하고, 〈견보살품〉에는 다보여래(多寶如來)가 등장한다. 또 〈상불경보살품〉에는 위음왕여래라는 부처가 나오고, 〈약왕보살본사품〉에서는 부처가 일월정명덕여래(日月淨明德如來)라는 부처가 있었다고 말하며, 〈묘음보살품〉에도 정화숙왕지여래(精華宿王智如來)라는 부처의 얘기가 나온다. 여러 부처가 있고 부처 이름도 각기 다르지만 '여래, 응공, 정변지, 명행족, 선서, 세간해, 무상사, 조어장부, 천인사, 불세존'이라는 이름은 모두 같다.

〈약초유품〉에서 부처가 대중에게 이렇게 말한다.

"나는 여래, 응공, 정변지, 명행족, 선서, 세간해, 무상사, 조어장부, 천인사, 불세존이라. 제도되지 못한 이를 제도하고, 해탈하지 못한 이를 해탈하게 하며, 평안하지 못한 이를 평안하게 하고, 열반을 얻지 못한 이가 열반을 얻게 하느니라. 나는 지금 세상과 오는 세상을 진실로 알고 있으므로 모든 것을 알고 모든 것을 보며, 진리를 알고 진리를 열고 진리를 말한다. 천신, 사람, 아수라와 모든 중생은 이리로 와서 법문을 들어라."

여래란 무엇일까? 제일 널리 알려진 해석은 오는 곳도 없고 가는 곳도 없으며 태어나지도 않고 죽지도 않으니 오는 것도 같고 가는 것도 같다는 것이다. 응공은 모든 덕을 다 갖추어 마땅히 사람과 천인의 존경과 공양을 받아야 한다는 뜻이고, 정변지는 모든 사물을 정확히 알고 있다는 뜻이며, 명행족은 과거세(宿命明, 숙명명)와 미래세(無眼明, 무안명)를 알고 번뇌를 끊고 큰 해탈을 얻는 법(漏盡明, 누진명)을 안다는 의미다. 선서는 지혜의 경지에 잘 도달해 열반에 든다는 뜻이고, 세간해는 세간과 출세간의 일을 남김없이 다 안다는 뜻이다. 또 무상사는 세상에서 가장 귀하고 높은 사람을 의미하며, 조어장부는 교묘한 방법으로 중생을 잘 교화해 바른 길로 인도한다는 뜻이고, 천인사란 인간과 하늘의 스승, 불세존은 세상에서 존경받는 이를 의미한다.

여러 가지 뜻이 있지만 가장 핵심은 '모든 것을 다 안다'는 데 있다. 모든 것을 알기 때문에 오는 듯 가는 듯할 수 있는 것이다. 또 모든 것을 알기 때문에 하늘과 인간의 존경과 공양을 받을 수 있고, 중생을 교화할 수 있으며, 과거세와 미래세의 번뇌를 끊고 큰 해탈을 얻는 법을 알 수 있는 것이다.

요컨대 부처는 불로장생의 묘약을 가지고 있지도 않고 천하무적의 막강한 몸을 가진 것도 아니었다. 그도 우리처럼 병에 시달리기도 하고 죽기도 하는 육신을 가지고 있었다. 〈종지용출품〉을 보면 보살이 부처에게 "세존이시여, 병도 없고 고통도 없고 심신이 안락하십니까? 세존에게 제도받는 이들이 잘 교화됩니까? 세존을 피곤하게 하지는 않습니까?"라고 묻는다. 신비로운 장면인데도 보살이 부처에게 묻는 말은 마치 보통 사람들이 문안인사를 하듯 평범하기 그지없다.

부처가 초능력을 가진 것도 아닌데 어떻게 진리를 깨닫고 흔들림 없는 마음을 가질 수 있었을까? 그건 지혜의 힘이었다. 그에게는 모든 것을 깨닫고 관조하는 능력이 있었다. 부처가 이 세상에서 건장한 육신을 갖지는 못했지만 우리는 볼 수도 없고 생각할 수도 없는 위대한 지혜를 갖고 있었다. 부처에게 신통력이 있었다고 말한다면 그건 그의 육체에서 나온 것이 아니라 마음에서 나온 능력일 것이다. 다시 말하면, 그건 모든 것을 깨달은 뒤에 얻은 안정된 마음에서 나온 힘이다.

**어떻게 부처처럼
조금도 흔들리지 않는
안정된 마음을 가질 수 있을까?**

부처가 인간 세상에 온 세 가지 이유

성불이란 모든 것을 깨닫는 것이다. 즉, 인간이 이미 알고 있는 비밀과 아직 모르고 있는 가장 은밀한 진실을 깨닫는 것이다. 그런 다음 불생불멸의 상태에서 마음이 절대적인 안정을 찾으면 태어남도 사라짐도 무의미해진다. 바꾸어 말하면, 부처가 된다는 건 가장 은밀한 문을 열고 불타는 집과 같은 세상에서 빠져나가 번뇌도 없고 더러움도 없는 무한한 정토에 이르는 것이다. 그렇다면 부처가 된다는 건 이 세계를 떠나 우리가 이해할 수 없는 세계로 가는 것이다.

그런데 석가모니를 비롯한 여러 부처들은 어째서 이 세상에 나타난 걸까? 〈방편품〉의 중요한 대목에서 이 질문의 해답을 찾을 수 있다. 부처가 사리불에게 이렇게 말했다.

"모든 부처님은 한 가지 커다란 일의 인연을 가지고 이 세상에 나타나신다."

부처가 세상에 나타나는 것은 한 가지 커다란 일 때문이었다. 무슨 일일까? 뒤이어 부처는 이렇게 설명했다.

"모든 부처님은 중생에게 부처님의 지혜를 열어 주고 청정함을 얻도록 하기 위해 세상에 나타나시고, 모든 중생에게 부처님의 지혜를 보여 주려고 세상에 나타나시며, 모든 중생이 부처님의 지혜를 깨닫게 하려고 세상에 나타나신다."

부처는 왜 인간 세상에 나타나는가? 첫째, 중생에게 부처님의 지혜를 일깨워 주어 그들이 온전히 깨끗해지도록 하기 위함이다. 둘째, 중생에게 부처님의 지혜를 보여 주기 위함이다. 셋째, 중생이 부처님의 지혜를 깨닫도록 하기 위함이다. 요약하자면 부처는 고해에서 벗어났지만 여전히 고해 속에 있는 인간에 대한 걱정 때문에 다시 고해로 돌아와 사람들과 함께 고통받으며 그들에게 진실을 일깨워 주기 위해 가까이 다가간 것이다. 다른 사람들도 부처처럼 고해에서 벗어나게 하려고 말이다.

보통 사람들은 혼자 깨달음을 얻고 진실을 꿰뚫어 보게 되면 멀리 도망친 뒤 남들이 희로애락을 겪으며 사는 모습을 냉정하게 방관할 것이다. 그것은 부처가 아니라 은사다. 노자나 장자는 그렇게 했지만 석가모니는 그러지 않았다. 맹자는 "뜻을 얻지 못해 궁할 때는 홀로 자신을 올바르게 하고, 뜻을 얻으면 세상을 올바르게 만들어야 한다"고 했지만, 석가모니의 생각은 달랐다. 석가모니가 비관적이고 유약하다고 말하는 사람들은 그의 다른 모습을 보지 못한 것이다. 그는 유약하지 않다. 오히려 그 무엇도 두려워하지 않는 강인함을 가졌다. 그는 어떤 상황이 닥쳐도 두려워하지 않으며 동요하지도 않는다.

불교는 세상에서 도피해 산속에 숨어 있는 소극적인 종교가 아니다. 진정한 불교는 '중생 구도'라는 유일한 목표를 한 번도 포기한 적이 없다. 자기 혼자만 깨닫는 것은 진정한 깨달음이라고 할 수 없다. 모든 사람이 깨닫게 해야만 진정으로 성불했다고 할 수 있다. 세상에 우매한 사람이 단 한 사람이라도 남아 있다면 다시 인간 세상으로 돌아와 여러 가지 방법으로 그를 일깨워 주어야 한다.

그러므로 부처가 인간 세상에서 하는 모든 일은 중생에게 이 세상의 진정한 모습을 알려 주기 위한 것이다. 부처는 이 세계에서 빠져나가는 유일한 문을 열어 주며 사람들에게 이 세계에 집착하지 말고 어서 그 문으로 빠져나가 성불의 넓은 길로 나아가라고 재촉한다.

《법화경》을 보면 여러 부처들이 똑같은 이름을 갖고 있을 뿐 아니라 그들이 하는 행동도 비슷하다. 〈서품〉에 따르면, 여러 부처들은 성문을 구하는 사람에게는 사제법에 대해 설명하고 생로병사를 건너 열반에 들게 해 주고, 벽지불을 구하는 사람에게는 12인연법에 대해 설명해 주며, 여러 보살들에게는 육바라밀에 대해 설명해서 바른 깨달음을 얻고 부처의 지혜에 도달할 수 있도록 해 주었다. 그리고 마지막으로 대승경에 대해 설명했는데 그것이 바로 《법화경》이며 보살을 가르치는 법이자 부처가 보호하고 생각하는 경이었다.

> 자기 혼자만 깨닫는 것은 진정한 깨달음이 아니다.
> 모든 사람이 깨닫게 해야만
> 진정으로 성불했다고 할 수 있다.

부처가 가르쳐 주는 네 가지 비밀

《법화경》에 등장하는 모든 부처가 불법에 대해 얘기하는 것만 보아도 이것이 사람들에게 불법을 일깨워 주기 위해 쓴 불경이라는 것을 알 수 있다. 그렇다면 불법에는 어떤 내용이 담겨 있을까? 부처가 《법화경》을 통해 사람들에게 전하고자 한 가르침은 크게 네 가지를 들 수 있다.

첫째, 사제(四諦), 즉, 고제, 집제, 멸제, 도제다. 《전법륜경(轉法輪經)》에 부처가 녹야원에서 다섯 비구에게 설법하는 대목이 등장하는데 여기에 사제에 대한 설명이 나온다.

"비구들이여, 고제란 무엇인가? 태어나는 괴로움, 늙는 괴로움, 병을 앓는 괴로움, 죽는 괴로움, 근심, 슬픔, 번뇌의 괴로움, 미워하는 이와 만나는 괴로움, 사랑하는 이와 이별하는 괴로움, 구하고자 하나 얻지 못하는 괴로움이며, 이를 통틀어 말하면 오온(五蘊)이 곧 괴로움이라고 하겠다.

비구들이여, 집제란 무엇인가? 이것은 갈애이며 이로 인해 다시 태어남이 생기고 환희와 탐욕이 함께하며 여기저기서 즐기고 만족을 찾는 것이다.

비구들이여, 멸제란 무엇인가? 갈애가 완전히 사라지고, 갈애를 놓아 버리고, 갈애에서 벗어나며, 집착이 없는 것이다.

비구들이여, 도제란 무엇인가? 그것은 팔정도(八正道)이니, 바른 견해, 바른 사유, 바른 말, 바른 행동, 바른 생활, 바른 노력, 바른 마음챙김, 바른 집중이다."

둘째, 12인연 또는 12연기(緣起)다. 이는 삼세윤회에 관한 불교의 기본 이론으로 무명(無明), 행(行), 식(識), 명색(名色), 육처(六處), 촉(觸), 수(受), 애(愛), 취(取), 유(有), 생(生), 노사(老死)의 순서로 이어지는 인과관계를 의미한다. 《법화경》〈화성유품〉에서 대통지승여래가 12인연에서 벗어나는 과정을 다음과 같이 명쾌하게 설명하고 있다.

"무명이 없어지면 행이 없어지고, 행이 없어지면 식이 없어지고, 식이 없어지면 명색이 없어지며, 명색이 없어지면 육입이 없어지고, 육입이 없어지면 촉이 없어지고, 촉이 없어지면 수가 없어진다. 수가 없어지면 애가 없어지고, 애가 없어지면 취가 없어지며, 취가 없어지면 유가 없어지고, 유가 없어지면 생이 없어지고, 생이 없어지면 늙음, 죽음, 근심, 슬픔, 고통, 번뇌가 없어지느니라."

셋째, 육도다. 육도란 현세의 고해에서 벗어나 열반의 피안에 오를 수 있는 여섯 가지 방법으로 보시, 지계, 인욕, 정진, 선정, 지혜를 의미한다.

마지막으로 부처가 말한 것은 일불승이다. 부처는 성문이나 연각은 수행 방법일 뿐 진정한 성불의 길이 아니며, 《법화경》에서 알려 주는 유일한 불승만이 진정으로 성불할 수 있는 길이라고 생각했다. 부처는 문수보살에게 "《법화경》은 부처의 가장 훌륭한 법문이며, 모든 설법 가운데 뜻이 가장 높고 깊으므로 제일 마지막에 중생에게 설해 준다"고 했고, 약왕보살에게는 "모든 경법 가운데 《법화경》이 가장 이해하기 어렵고 가장 비밀스럽고 중요한 경법이다"라고 했다.
또 일월등명불은 60소겁 동안 《법화경》을 설하며 오묘한 경지에서 고요하게 앉아 일어나지 않았고, 청중도 그 자리에서 60소겁 동안 앉아 있었지만 마치 찰나가 지나간 듯 누구 하나 몸으로든 마음으로든 지치거나 게으름을 부리는 이가 없었다. 대통지승여래도 8천 겁 동안 《법화경》을 설한 뒤 8만 4천 겁 동안 선정에 들었다.

이 모든 부처들이 멸도한 후에는 새로운 부처가 나타나 《법화경》을 계속 설했다. 모든 부처가 끊임없이 인간 세상에 나타나 연꽃처럼 아름다운 불법을 사람들에게 널리 전해 왔으며 모든 사람이 불법을 깨달아 더 이상 부처가 불법을 설할 필요가 없을 때까지 계속될 것이다.

물론 모든 사람이 불법을 깨닫는다면 인간 세상은 더 이상 인간 세상으로 불리지 않을 것이다. 하지만 지금 당신과 나를 비롯한 수많은 사람들이 아직 부처를 만나지 못했다. 우리가 부처를 만나지 못한 것은 부처가 존재하지 않기 때문이 아니다. 부처는 늘 우리 곁에 아주 가까이 있다. 우리가 그것을 깨닫지 못해서 우리 눈에 보이지 않을 뿐이다.

하지만 부처는 항상 우리를 보고 있다. 우리가 속세의 뿌연 먼지 속에서 뒹굴고 일어나고 넘어지고 또 일어나는 것을 지켜보며 우리가 이해할 수 있는 방법으로 조금씩 진리를 일깨워 주고 있다. 어쩌면 당신도 나도 어느 날 갑자기 부처를 만나게 될지도 모른다. 그러면 부처가 오래 전부터 우리 곁 아주 가까운 곳에 있었다는 사실을 깨닫게 될 것이다.

**부처를 아직 만나지 못한 것은
부처가 존재하지 않기 때문이 아니다.
부처는 늘 아주 가까이 있다.
그것을 깨닫지 못해 보이지 않을 뿐이다.**

법화경 마음공부 제 5 강

어떻게 하면 마음이 홀가분해질까?

용왕 딸의 성불 이야기

《법화경》 속으로

"깨닫기만 하면 찰나에도 부처가 될 수 있다"

그때 부처님께서 모든 보살과 천신, 인간, 사부대중(비구, 비구니, 우바새, 우바이)에게 이렇게 말씀하셨다.

"나는 무한한 과거세 동안 게으른 마음을 갖지 않고 부지런히 《법화경》의 오묘한 뜻을 경청했다. 또 여러 겁 동안 국왕으로 지내면서도 지고무상한 깨달음을 구함에 있어서 마음이 물러서는 일이 없었다. 생사와 번뇌의 차안을 떠나 열반과 해탈의 피안에 오르기 위해 애썼으며 보시, 지계, 인욕, 정진, 선정, 지혜의 육도를 원만하게 행하기 위해 열심히 보시를 했다. 코끼리, 말, 금, 은, 유리, 나패, 마노, 진주, 매괴 등 진기한 보물과 나라, 도성, 아내, 자식, 노비, 시종 등을 아낌없이 보시하고, 중생을 제도하기 위해 내 몸까지 내놓았으며, 심지어 내 머리, 눈, 골수, 뇌, 뼈, 살, 손, 발까지도 아낌없이 남에게 보시했다. 그때 세상 사람들의 수명이 길었지만 나는 불법을 구하기 위해 왕위를 버리고 나라를 태자에게 맡겼다. 그런 다음 북을 크게 울리며 백성에게 명을 내려 '내가 사방에서 불법을 구하고 있다. 누가 내게 대승법의 이치를 설해 준다면 내 평생 그의 종이 되어 그의 시중을 들 것이다'라고 했다."

(…)

문수보살이 말했다.

"나는 바다 속 세계에서 중생을 교화할 때 항상《법화경》만 설했습니다."

지적보살이 그 말을 듣고 물었다.

"《법화경》은 매우 깊고 오묘하여 모든 경전 중의 보배이며 세상에 드문 경전입니다. 중생이 이 경전을 따라 부지런히 수행하고 정진하면 빠르게 성불할 수 있습니까?"

문수보살이 대답했다.

"용왕에게 갓 여덟 살 된 딸이 있는데 지혜롭고 총명하여 선악과 죄복의 인과를 잘 알고 선을 지키고 악을 일으키지 않는 지혜를 갖고 있습니다. 평범한 사람들은 알지 못하고 부처도 사람들에게 쉽게 보여 주지 않는 오묘한 불법을 한 번만 들으면 잊지 않고, 심오한 선정의 경지에 들어가 모든 법을 통달하여 알며, 찰나에 무상정등정각을 얻고자 하는 마음을 갖고 영원히 물러나지 않는 법을 얻었습니다. 또한 언변이 막힘없고 중생을 어린 자식 대하듯이 자비롭게 대하며 공덕을 모두 갖추어 미묘하고 광대한 불법만을 마음으로 생각하고 입으로 말합니다. 자비롭고 어질고 겸손하며 마음이 온화하고 고상해 무상정등정각의 경지에 빠르게 도달했습니다."

지적보살이 듣고 의구심이 들었다.

"석가모니 부처님이 성불하실 때 무한한 겁 동안 고통스러운 수행을 하시며 조금씩 공덕을 쌓으셨습니다. 최고의 지혜를 얻기 위해 한순간도 게을리 하지 않으셨습니다. 삼천대천세계를 통찰하고 겨자씨만큼 작은 땅이라도 이 보살이 몸과 목숨을 바치지 않은 곳이 없습니다. 이는 모든 중생을 위한 것이었습니다. 중생을 구제해야 불도를 이룰 수 있습니다. 용왕의 딸이 찰나에 깨달아 무상정등정각을 얻었다는 것을 믿을 수가 없습니다."

지적보살의 말이 끝나자마자 용왕의 딸이 홀연히 모두 앞에 나타났다. 그녀가 부처와 보살들에게 머리 숙여 예를 올린 뒤 한쪽으로 물러나 앉아 게송으로 찬탄했다.

죄와 복을 통달하여 시방세계를 두루 비추고
미묘하고 청정한 법신은 서른두 가지로 아름답게 장식됐네.
팔십 가지 좋은 모양으로 그 법신을 장엄하니
하늘과 인간이 다 우러르고 용과 귀신이 공경하네.
모든 중생이 공경하고 정성으로 받드나니
깨달음을 이루는 일 부처님만 아시리라.
나도 이제 대승법을 이 세상에 널리 펼쳐
괴로운 중생을 구제하고 해탈시키리라.

그러자 사리불이 그녀에게 물었다.

"그대가 얼마 되지도 않아 지고무상한 진리를 얻었다는 것을 믿기가 어렵다. 여자의 몸은 때가 묻고 더러워 불법을 담을 그릇이 아니기 때문이다. 어떻게 지고무상한 깨달음을 얻을 수가 있는가? 부처님이 되는 길은 멀고 험난하다. 한없이 긴 세월 동안 부지런히 고행하며 공덕을 쌓고 모든 미혹함이 사라져야만 불도를 이룰 수 있다. 게다가 여자의 몸에는 다섯 가지 장애가 있으니, 첫째, 범천왕이 될 수 없고, 둘째, 제석천왕이 될 수 없고, 셋째, 마왕이 될 수 없으며, 넷째, 전륜왕이 될 수 없고, 다섯째, 부처가 될 수 없다. 그대는 어떻게 여자의 몸으로 그렇게 빨리 성불할 수가 있느냐?"

용왕의 딸이 삼천대천세계의 가치를 지닌 보배 구슬을 꺼내 양손으로 받쳐 들고 석가모니 부처에게 바쳤다. 부처께서 그것을 곧 받으시자 용왕의 딸이 말했다.

"제가 지금 보배 구슬을 바치자 부처님께서 곧 받으셨습니다. 이 일이 빠릅니까, 빠르지 않습니까?"

지적보살과 사리불이 대답했다.

"참으로 빠르도다."

용왕의 딸이 말했다.

"두 분의 신통력으로 보십시오. 제가 성불하는 것이 방금 전 부처께서 보배 구슬을 받으신 것보다 더 빠를 것입니다."

그 말이 떨어지기도 전에 법회에 모인 사람들 앞에서 용왕의 딸이 남자로 변하여 보살행을 갖추고는 곧장 남방의 깨끗한 불토로 날아가 보배로운 연꽃에 앉아 무상정등정각을 이루었다. 그러고는 서른두 가지 아름다운 몸매와 팔십 가지 잘생긴 형태를 갖추고 시방세계의 모든 중생을 위해 미묘한 법을 설했다.

이때 사바세계의 보살, 성문, 천룡팔부와 사람과 사람이 아닌 이들이 용왕의 딸이 성불하여 법회에 모인 대중과 천신을 위해 설법하는 것을 멀리서 보고 크게 기뻐하며 모두들 예배했다. 또 수많은 중생이 불법을 듣고 곧 모든 것을 깨달아 영원히 물러나지 않는 마음을 얻고 성불 수기를 얻었다. 청정무구한 세계에 여섯 가지 상서로운 진동이 나타나고, 사바세계의 삼천 중생이 영원히 물러나지 않는 자리에 앉았으며, 삼천 중생에게 지고무상한 보리심이 싹터 성불 수기를 얻었다. 지적보살, 사리불과 법회에 모인 대중이 그제야 찰나에도 깨달음을 얻으면 성불 수기를 받을 수 있다는 것을 믿게 되었으며《묘법연화경》의 무량한 공덕을 깨달았다.

-《법화경》〈제바달다품〉에서

버리면 비로소
얻는 것들

사제와 무상(無常, 만물이 끊임없이 생멸과 변화를 겪음), 12인연, 육도의 이치를 이해하고, 심지어 《법화경》에서 말하는 일불승의 심오한 이치까지 이해한 사람들도 대부분은 그저 가만히 앉아서 글귀만 보고 이해했을 뿐, 자리에서 일어나 생활 속으로 들어가면 몸이 생각대로 움직이지 않는다는 걸 알게 된다. 자기도 모르게 식탐이 생기고 돈과 명예를 좇고, 또 자기도 모르는 사이 화가 왈칵 치밀기도 하고 갑자기 우울해지기도 한다. 자기 몸인데도 자기 마음대로 되지 않아 괴로워하다가 자기 자신에게 말한다.

"난 네가 싫어."

많은 이치를 알고 있다고 자부하는 사람들도 자신은 마음대로 하지 못한다. 머리로는 안 된다고 생각하면서도 때로는 어쩔 수 없이 자기도 모르게 행동하는 경우가 많다. 세상 모든 이치를 다 이해할 수 있어도 자신을 알기는 쉽지 않다. 그래서 부처가 〈제바달다품〉에서 아주 중요한 말을 했다.

"나는 열심히 보시를 했다. 코끼리, 말, 금, 은, 유리, 나패, 마노, 진주, 매괴 등 진기한 보물과 나라, 도성, 아내, 자식, 노비, 시종 등을 아낌없이 보시하고, 중생을 제도하기 위해 내 몸까지 내놓았으며, 심지어 내 머리, 눈, 골수, 뇌, 뼈, 살, 손, 발까지도 아낌없이 남에게 보시했다. 그때 세상 사람들의 수명이 길었지만 나는 불법을 구하기 위해 왕위를 버리고 나라를 태자에게 맡겼다. 그런 다음 북을 크게 울리며 백성에게 명을 내려 '내가 사방에서 불법을 구하고 있다. 누가 내게 대승법의 이치를 설해 준다면 내 평생 그의 종이 되어 그의 시중을 들 것이다'라고 했다."

《법화경》의 불법이 아무리 오묘하고 불가사의해도 가장 기본적인 것부터 시작해야 한다. 아무리 불가사의한 이치를 알고 있다 해도 현실에서 행동으로 전환되지 않는다면 불타는 집에 갇혀 걸어 다니는 시체와 다를 바 없다. 부처의 성불은 기나긴 여정이었다. 그 여정을 거치는 동안 그가 숲속에 앉아 명상만 한 것도 아니고 제자들에게 설법만 한 것도 아니다. 만약 그렇게만 했다면 부처는 기껏해야 위대한 학자밖에는 되지 못했을 것이다. 부처는 학자가 아니라 새로운 생명을 깨워 낸 선구자였으며, 자신의 행동으로 자기 생명과 이 세상을 변화시킨 성자였다.

부처는 가장 기본인 '보시'부터 시작했다. 왜 그랬을까? 사람들이 자신에게서 벗어나지 못하기 때문이다. 우리 안에 있는 자신은 희로애락의 감정이 수시로 바뀌고, 끊임없이 원하고 더 많은 걸 갖고 싶어 하며, 이미 가진 것을 끈질기게 지키려고 한다. 이것이 평범한 사람들의 모습이다. 사람의 인생은 사실 소유와 집착 사이에서 울고 웃고 넘어지고 일어나기를 반복한다. 그렇지 않은가? 만약 이와 정반대라면 당신은 이미 부처다.

석가모니가 위대한 이유는 그가 자신의 생명을 남들과 완전히 다른 방향으로 이끌어 갔기 때문이다. 남들은 끊임없이 가지려 하고 지키려 할 때 그는 끊임없이 버리고 내어주었다. 모든 걸 다 버리고 더 이상 버릴 것도 없어지면 자신이 원망스러울까? 아니면 자신을 좋아하게 될까? 아무것도 없는데 무엇을 좋아하고 무엇을 싫어할 수 있을까?

　말로만 논해서 되는 이론이 아니다. 이 이치를 알았다면 행동으로 실천해야 한다. 부처가 성인으로 불리는 것은 자신의 학설과 견해를 현실에서 몸소 실천했기 때문이다. 그는 원래 왕자였지만 사람들의 삶이 행복하지도 않고 길지도 않은 것을 보고 깊은 생각에 잠겼고, 깨달음을 얻은 뒤 왕위를 버리고 출가했다. 이 세상에 와서 사람들과 뒤섞여 살다가 결국 세상을 뒤로하고 떠난 것이다. 그는 어디로 갔을까? 허공으로 갔다.

　왕위를 포기한 것이 별 일 아닌 듯하지만, 실제로 실천하는 건 결코 쉬운 일이 아니다. 어제 나의 SNS에 이런 글을 올렸다.

　소크라테스는 "결혼은 해도 후회하고 안 해도 후회한다"고 했고, 《홍루몽》의 임대옥은 "만났다가 헤어지느니 차라리 만나지 않느니만 못하다"고 했으며, 부처는 "생명의 끝은 죽음이다"라고 했다. 모든 노력이 결국 '무'로 돌아간다면 처음부터 아무런 시도도 노력도 하지 않는 게 나을까?

　이 글에 달린 많은 댓글 중 대부분은 어떻게 겪어 보지도 않고 포기할 수 있느냐는 것이었다. 평생 자전거만 타는 것과 페라리를 타 본 뒤에 자전거를 타는 것이 똑같을 수는 없다는 의견도 있었다. 중국의 유명한 이모티콘 캐릭터 투즈키의 어록

중에 "지나온 인생길을 되돌아볼 때 제일 두려운 건 그 길 위에 아무것도 없는 것이다"라는 말이 있다.

사람들은 이처럼 자기 인생이 공백이 되는 것을 두려워한다. 그래서 페라리를 타게 되면 절대로 포기하지 않으려 한다. 파산 끝에 빈털터리가 되어야만 어쩔 수 없이 포기한 후 다 내려놓았다며 마음의 위안을 찾는다. 하지만 이건 스스로 포기한 것이 아니라 포기당한 것이다. 반면 부처는 페라리를 타다가 무의미하다고 생각하고 스스로 포기했다. 심지어 자전거도 스스로 마다했다.

중요한 건 '버림'이다. 부처는 자신이 페라리를 타는지 자전거를 타는지 관심이 없었고, 으리으리한 저택에 사는지 다 쓰러져 가는 판잣집에 사는지도 관심이 없었다. 부처의 관심은 오로지 그것들이 자신을 옭아매고 있는지였다. 진정으로 자유롭고 싶고 마음껏 날고 싶다면 그것들을 버려야만 한다. 무거운 짐을 등에 짊어진 채 날아오르기를 꿈꿀 수는 없다. 부처는 번뇌에서 벗어나 진정으로 자유로워지고 싶다면 어서 빨리 그 짐을 버리라고 했다. 몸에 있는 모든 짐을 내려놓고 속세의 모든 것을 포기하면 속세에 없는 모든 것을 얻게 되기 때문이다. 그러므로 부처가 그토록 긴 시간 동안 돌고 돌며 했던 일은 바로 보시, 즉, 버리는 일이었다.

결코 쉬운 일이 아니다. 오래 전 한 문학 심포지엄에 참석했을 때 몇몇 노교수가 요즘 사람들이 배금주의에 물들어 윤리적으로 타락했다고 성토했다. 그러자 한 여성이 대뜸 "돈이 그렇게들 싫으시면 제게 주세요! 저는 돈을 사랑해요!"라고 말했다. 그러자 노교수들이 아무 말도 못하고 서로의 얼굴을 쳐다보기만 했다. 물론 그녀에게 자기 돈을 내어준 사람도 없었다.

말하기는 쉬워도 실제로 자기 돈을 남에게 주라고 하면 선뜻 내어주기 힘들다. 자기 것이라는 생각 때문이다. 사람들은 무의식중에 내 것과 남의 것을 구분한다. 하지만 부처는 당신이 갖고 있는 것이 당신 것이 아니라고 했다. 그것을 자기 것이라고 생각하기 때문에 잃을까봐 늘 초조해하고 두려워하는 것이다. 하지만 그것들은 당신의 것도 아니요, 내 것도 아니다.

> 모든 것을 버릴 수 있다면
> 그 무엇이 두렵겠는가?
> 이 세상이 당신을 어쩔 수 있겠는가?

내려놓으면 세상이
나의 일부가 된다

모든 것을 버리고 또 내려놓아야 한다. 무엇을 내려놓아야 할까? 이 세상에 대한 모든 사랑과 미움이다.

《법화경》에서 부처는 자기 아들이나 가족에게도 특별한 정을 표현하지 않는다. 가족을 대하는 것도 제자나 중생을 대하는 것과 별로 다르지 않다. 부처는 누군가를 특별히 친하게 대하지도, 소원하게 대하지도 않았다.

부처는 모든 이를 자비로 대했다. 설사 적이라 해도 마찬가지였다. 〈제바달다품〉에서 부처가 제일 먼저 보여 준 행동은 '버림'이었다. 그는 갖고 있던 모든 것을 버렸다. 두 번째로 보여 준 행동은 적을 대하는 태도였다. 불교의 역사에 대해 조금이라도 친숙한 사람이라면 제바달다가 부처에게 적대적이었다는 사실을 알고 있을 것이다. 세속의 관점에서 볼 때 그는 부처의 적이었다.

부처는 자신의 적인 그를 어떻게 대했을까? 〈제바달다품〉에서 부처는 제자들에게 이렇게 말한다.

"여래는 제바달다의 지식과 지혜 덕분에 피안에 이르는 지혜를 얻고 자비희사(慈悲喜捨, 중생을 위하는 네 가지 마음 수행)를 이루었으며, 서른두 가지 거룩한 몸매와 여든 가지 잘 생긴 모양을 갖추어 황금처럼 빛나는 몸으로 중생을 비추었다. 또 중생을 위해 불법을 널리 설하고, 중생을 불법으로 인도하기 위해 반드시 갖추어야 하는 열 가지 힘과 네 가지 두려움 없는 마음, 네 가지 교화하는 법을 가졌으며, 부처의 열여덟 가지 공덕과 불가사의한 신통력을 얻어 무상정등정각을 이루고 널리 중생을 제도했다. 이 모두가 제바달다 덕분이다."

제바달다는 누가 봐도 부처의 적이었지만, 부처는 그가 자신의 좋은 스승이자 벗이며 그의 도움으로 성불하게 되었다고 했다. 평범한 사람들의 사고방식으로는 이해하기 힘들다. 이 때문에 부처가 앞에서 《법화경》에 담긴 오묘한 법은 세상의 사고방식으로는 이해하기 힘들다고 말한 것이다. 세상에는 사람과 사람 간의 갈등과 다툼이 끊이지 않는다. 인류의 역사는 다툼의 역사라고 해도 과언이 아니다. 어떻게 하면 해결할 수 있을까?

세상에서 흔히 쓰는 방법은 두 가지다. 첫째, 무력으로 해결하는 것이다. 그러면 힘과 권력이 센 사람이 이기게 된다. 옛날 개국 황제들은 대부분 무력으로 나라를 빼앗아 황제가 되었다. 보통 사람들 사이에서 생기는 다툼은 주먹다짐으로 해결한다. 둘째, 규칙으로 해결하는 것이다. 양쪽이 협상을 통해 객관적인 규칙을 세운 뒤에 그 규칙에 따라 일을 처리한다. 서양의 민주주의가 대표적인 예다. 보통 사람들 사이의 다툼이라면 법적 절차에 따라 해결한다.

현재는 후자가 가장 보편적인 방식이다. 부처가 살아 있다면 아마 이 두 번째 방법에 찬성할 것이다. 첫 번째 방법은 단기적인 효과를 얻을 수는 있지만 생명의 희생이 따른다는 사실을 역사가 증명한다. 폭력이나 권력을 통한 해결은 사회에 악순환을 낳고 불안과 혼란을 일으켜 미래에 대한 기대와 믿음을 짓밟는다. 협상과 대화를 통해 해결하는 두 번째 방법은 공통된 가치관과 원칙을 수립해 유혈 충돌을 피할 수 있으므로 사람들이 미래에 대한 기대와 믿음을 품을 수 있다.

하지만 두 번째 방법으로도 마음의 문제를 해결할 수는 없다. 갈등으로 인한 원한, 분노 등의 감정이 법의 테두리 밖에서 계속 존재하며 사회를 긴장시킨다.

그러므로 적을 어떻게 대할 것인가는 우리가 늘 고민해야 하는 문제다. 공자는 원한이 있다면 직접적으로 원한을 되갚아주라고 말했지만, 부처와 예수는 "원수에게 자비로 대하라", "원수를 사랑하라"고 말했다. 중국의 유명한 철학가 량수밍 선생은 공자의 방법은 평범한 사람들도 할 수 있지만 부처의 방법은 그럴 수 없다고 했다. 하지만 부처가 되고 싶다면 부처의 방법을 따라야 한다. 원수를 자비로 대해야만 인격을 수양해 성자가 될 수 있다. 쉽지 않은 일이지만 그 과정에서 좌절에 대처하는 법을 배울 수 있고, 자신과 환경 사이의 관계를 원만하게 유지하는 법을 배울 수도 있다.

부처의 방법을 바꾸어 표현하면, 남들이 자신에게 아무리 악독하게 대해도 그것을 긍정적인 에너지로 바꾸어 자기 목표를 향해 매진하는 힘으로 삼는 것이다. 부처가 자신을 해친 사람에게 고마워한 것은 바로 이 때문이다. 부처는 제바달다를 적으로 여기는 대신 그의 비방과 방해가 자신에게 고통을 참아내는 인욕 수행의 기회를 주었다고 생각했던 것이다.

어떤 이들은 가장 내려놓기 힘들고 가장 상처가 큰 원망은 바로 사랑 때문에 생긴 미움이라고 말한다. 하지만 어찌 사랑뿐이겠는가? 어떤 관계든 마찬가지다. 원망은 당신이 미워하는 상대를 해치는 것이 아니다. 그로 인해 상처받는 사람은 바로 당신 자신이다. 원망을 내려놓지 못하면 수많은 부정적인 감정이 자신에게 무거운 짐이 된다. 결국 상대가 당신의 몸과 마음을 통해 당신에게 계속 상처를 주는 셈이다. 하지만 원망을 내려놓는다면 그 누구도 당신에게 상처를 줄 수 없다. 물론 사랑도 마찬가지다. 사랑에 집착하면 그 사랑은 물론이고 당신이 집착하는 상대까지 모두 당신의 짐이 된다.

〈제바달다품〉으로 다시 돌아와 보자. 제바달다에 대한 부처의 평가를 다시 읽어 보고 적을 대하는 부처의 태도를 살펴보면 우리 삶에서 그 어떤 짐도 스스로 짊어질 필요가 없다는 사실을 깨닫게 될 것이다. 세상이 당신을 어떻게 대하든, 세상에서 무슨 일이 일어나든 당신이 그걸 바꿀 수 없다면 굳이 성낼 필요도, 집착할 필요도 없지 않은가?

내려놓으라. 내려놓지 못하면 세상은 당신의 적이 될 것이고, 내려놓으면 세상이 당신의 일부가 될 것이다.

> 원망을 내려놓는다면
> 그 누구도 당신에게 상처를 줄 수 없다.
> 내려놓으라.
> 내려놓으면 세상이 당신의 일부가 될 것이다.

# 마음이 아름다우면
몸도 아름답다

《법화경》의 아름답고 오묘한 불법이 버림과 내려놓음을 통해 일상의 수행이 되지 않는다면 부질없는 말장난 또는 별 볼일 없는 생활을 치장하는 장식품에 그칠 뿐이다. 루쉰은 "나는 불교에 편견을 가지고 있다. 고행을 고집하는 소승이 진정한 불교다. 술과 고기를 즐기는 부자도 푸성귀를 먹기만 하면 거사(居士)라고 불리며 불교도가 되는 대승은 그럴 듯한 이름을 갖고 소승보다 더 널리 퍼져 있지만 믿기 쉽기 때문에 쉽게 경박스러워진다"라고 말했다.

경박스러운 불교도도 물론 많다. 하지만 부처의 원래 생각은 사람들의 생활을 동물적인 생활에서 정신적인 생활로 바꾸는 것이었다. 그는 자기가 먼저 이를 실천했다. 중생이 간절히 바라고 미련을 버리지 못하는 부귀영화를 다 버리고 아무것도 없는 사람이 된 것이다. 그는 자신의 모든 재물을 버렸을 뿐 아니라 자기 몸도 버렸다.

우리는 재물보다도 자기 몸에 더 집착한다. 몸이 바로 자기 자신이라고 생각한다. 그러므로 머릿속에 있는 짐을 벗어던지려면 몸에 대한 집착을 버리는 것이 제일 중요하다. 우리의 어떤 감정도 몸의 반응에 따라 흔들려서는 안 된다는 뜻이다. 그러려면 어떻게 해야 할까? 여기에 화려하지만 끔찍한 장면이 등장한다. 〈약왕보살품〉에서 부처가 약왕보살의 이야기를 들려준다.

약왕보살은 전생에 일체중생희견보살(一切衆生喜見菩薩)이었으며 일월정명덕불(日月淨明德佛)에게서 《법화경》을 듣고 만이천 년 동안 수행한 후에 온갖 부처와 보살의 모습으로 변할 수 있는 신통력을 갖게 되었다. 그는 신통력으로 《법화경》을 공양했지만 그것만으로는 부족하다고 생각해 유향, 정향 등 온갖 꽃으로 만든 향유를 마시고 천이백 년 뒤에는 향유를 몸에 바르고 보배 옷으로 몸을 감은 뒤 스스로 몸을 태웠다. 그 몸이 온전히 다 타기까지 천이백 년이 걸렸다. 그 후 그는 또 일월정명덕의 불토에서 아이의 몸으로 홀연히 다시 태어나 일월정명덕불에게 게송으로 말했다.

대왕이신 아버지여, 이제 아시옵소서.
제가 저곳에서 수행하여 모든 것을 나타내는 신통력을 얻었습니다.
부지런히 정진하고 아끼는 몸을 버렸으며
부처님께 공양을 드려 지고무상한 지혜를 구했습니다.

일월정명덕불도 열반에 든 후 백 가지 복으로 장엄한 자신의 팔을 칠만이천 년 동안 태웠다. 이로써 성문을 구하는 수많은 대중에게 무상정등정각을 얻고자 하는 마음을 일깨워 주었으며, 모든 부처와 보살의 모습을 나타낼 수 있는 선정의 경지로 그들을 인도했다.

약왕보살은 철저한 깨달음을 얻기 위해 기나긴 세월 동안 자기 몸을 태움으로써 마침내 아견(我見, 나에 대한 그릇된 집착)을 버리고 불보살이 되었다. 꽃향기를 몸에 가득 채운 뒤 스스로 몸을 태우는 것이 화려하고 아름답지만, 또 한편으로는 끔찍하기도 하다. 정말로 자기 몸을 불태웠단 말인가? 글자 그대로 해석하면 이 이야기에 담긴 진정한 의미를 이해할 수 없다.

첫째, 불교의 기본 교리를 배경으로 상징을 해석해야 한다. 불교에서는 자살에 찬성하지 않는다. 불교는 모든 생명을 소중하게 대하며 자살을 비롯한 모든 살생에 반대한다. 둘째, 불교는 은유적인 언어를 사용한다. 그중에서도 특히 《법화경》은 무척 심오한 불경으로 대부분의 묘사가 비유와 상징으로 이루어져 있다.

이제 〈약왕보살품〉으로 다시 돌아와 은유적인 관점에서 해석해 보면, 이 대목이 결코 끔찍한 장면이 아니라 감동적인 장면임을 알 수 있을 것이다. 여기서 말하는 몸은 현실의 육신이 아니라 '아견'을 의미하고, 불은 실제 불이 아니라 '청정심'을 상징한다. 깨끗한 마음이 불길처럼 활활 타오르며 몸에 대한 우리의 집착을 없앤다는 뜻이다. 몸에 대한 집착이 사라지면 '자아'에 대한 집착이 사라지고 우리가 본래 가지고 있는 자기 모습이 드러나게 된다.

부처가 우리에게 스스로 몸을 불태우라고 한 것이 아니라, 어떻게 하면 육신의 속박에서 벗어날 수 있는지 평범한 사람이 이해할 수 있도록 비유적인 말로 설명한 것이다. 정말로 스스로 몸을 태워 분신자살을 한다면 환생하게 될 것이고 윤회를 벗어날 수 없으므로 육신의 속박에서 해방될 수 없다. 부처의 이 이야기는 마음이 깨끗하다면 육신이 더 이상 우리를 구속하거나 우리에게 짐이 되지 않는다는 뜻이다. 사람이 어차피 몸이라는 울타리 안에서 살아야 한다면 그 울타리를 잘 사용해야 한다는 누군가의 말도 새겨들을 만하다.

**마음이 깨끗하면 몸에 대한 집착이 사라지고,
몸에 대한 집착이 사라지면,
자아에 대한 집착이 사라지고
본연의 자기 모습이 드러난다.**

지금 당장 험담하지 않는 것부터 시작하라

 돈, 재산, 심지어 자기 몸까지 버릴 수 있는 건 모두 버려라. 모든 애증, 집착, 마음의 짐을 내려놓으라. 가장 기본적인 보시부터 시작하라. 노숙자에게 얼마 안 되는 돈이나 먹을 것을 주는 것도 역시 성불하는 과정이자 마음이 깨끗해지는 과정이다. 《법화경》의 심오함은 이론이나 이치에 있는 것이 아니라 우리 생활을 바꾸는 힘, 우리 생명의 질을 바꾸는 힘에 있다. 그러므로 《법화경》은 절에서뿐만 아니라 일상생활에서도 따르고 지키며 수행해야 한다. 생활 속에서 끊임없이 버리고 내려놓으며 《법화경》에 조금씩 다가가고 아름답고 오묘한 불교의 경지로 들어가는 것이다.

《법화경》은 분명한 구조를 가지고 있다. 앞부분의 〈서품〉, 〈방편품〉, 〈비유품〉, 〈신해품〉 등에서 《법화경》의 이치를 논하고, 중간 부분의 〈견보살품〉, 〈종지용출품〉 등은 이치를 깨닫고 수행한 후의 결과에 관한 것이며, 마지막의 〈안락행품〉, 〈제바달다품〉, 〈약왕보살품〉, 〈관세음보살보문품〉 등에서는 구체적인 수행 방법을 알려 주고 있다.

〈제바달다품〉에서는 버림과 내려놓음을 통해 진리를 이루는 방법에 대해 말하고, 〈안락행품〉에서는 평범한 사람이 일상적인 행동을 통해 《법화경》을 수행하는 방법을 알려 준다. 보살마하살이 내세에 《법화경》을 설하려면 어떻게 해야 하는지 묻자 부처가 몇 가지 지켜야 할 방법을 알려 준다. 대부분 일상생활에서 실천할 수 있는 구체적인 방법이다.

우선, 보살이 행할 것과 가까이 하지 말 것에 관한 것이다. 보살이 행할 것이란 무엇인가? 욕됨을 참을 수 있고, 부드럽고 선하고 순하고 포악하지 않으며, 마음에 두려움이 없고, 그 무엇에도 집착하지 않으며, 모든 사물의 실제 모습을 보되 차별하지 않으면 이것이 바로 보살이 행할 것이다.

보살이 가까이 하지 말 것이란 무엇인가? 국왕, 왕자, 대신, 관리들에게 빌붙지 말고 불법에 어긋나는 출가한 사람 또는 출가하지 않은 사람들과 가까이 하지 않으며, 음욕으로 이끄는 책을 쓰지 말고, 폭력과 살인이 난무하는 연극이나 격투, 마술 등의 공연을 보지 않고, 도살을 업으로 하는 사람, 돼지, 양, 닭, 개를 사육하거나 사냥, 낚시를 하는 사람과 가까이 하지 말아야 한다. 만일 이런 사람들이 찾아와 가르침을 청하면 그들에게 불법을 얘기해 주되 무엇을 바라거나 노리는 마음을 가져서는 안 된다. 또 악인들과 함께 살지 말고, 만일 그들이 찾아와 가르침을 청하면 그들의 깨달음의 정도에 따라 불법을 얘기해 주되 아무것도 바라거나 기대하지 말아야 한다.

이것들은 모두 사람으로서 지켜야 하는 도리다. 특히 부처는 권력자에게 빌붙지 말고 악인과 가까이 지내지 말 것을 강조하고, 자신과 생각이 다른 사람이 있으면 굳이 그가 불법을 믿도록 설득할 필요는 없으며 존중하되 멀리하면 그만이라고 했다. 한마디로 이 세상과 거리를 유지하며 모든 것을 순리에 따르라는 것이다.

그다음은 남의 허물을 함부로 말하지 말고 다른 법사들을 가볍게 여기거나 남을 쉽게 평가하지 않는 것이다. 또 불교에 귀의한 뒤 집에서 사는 사람이나 출가한 사람들에게 큰 자비의 마음을 갖고, 불교에 귀의하지 않은 사람에게는 그들을 고통에서 구제하려는 큰 자비의 마음을 갖는 것도 중요하다.

머리로는 많은 이치를 알고 있지만 실제 생활에서 그것들이 아무런 역할도 하지 못하고 여전히 선입견과 관념이 우리의 행동을 지배하곤 한다. 직장에서 동료들끼리 이익을 두고 경쟁할 때 전혀 개의치 않을 수 있는가? 남들이 당신의 험담을 할 때 아무렇지 않게 웃어넘길 수 있는가?

앞에서 부처가 되는 것은 마음이 깨끗해지는 것이라고 했다. 마음을 깨끗이 비우겠다며 티베트 여행을 가거나 절에 가서 참선을 하는 사람들이 많다. 하지만 그들이 다시 일상으로 돌아오면 예전과 마찬가지로 속세의 먼지 속에서 뒹굴며 살아간다. 마음을 깨끗이 하고 싶다면 굳이 멀리까지 갈 필요가 없다. 지금 있는 바로 그 자리, 일상생활에서도 수행할 수 있다. 지금 당장 남의 험담을 하지 않고 원망하지 않는 것부터 시작해 보자. 하루하루가 쌓이고, 한 해 한 해가 흐르면 어느 순간 이 세상이 깨끗해졌음을 발견하게 될 것이다.

운명을 바꿔 달라고 신에게 기도하고 풍수학자들을 찾아가는 사람들도 있다. 하지만 운명을 바꾸겠다며 침대의 위치를 바꾸고 이름을 바꾸고 부적을 몸에 지니는 것은 참으로 어리석은 일이다. 그렇게 해서 운명을 바꿀 수 있다면 풍수학자나 점쟁이가 이 세상에서 제일 행복하고 순탄한 인생을 살아야 하지 않겠는가? 그들이 왜 자기 운명을 바꾸지 않고 돈을 벌기 위해 힘들게 일하겠는가? 그런 것들은 당신의 그 무엇도 바꿔 주지 못한다. 당신을 더 어리석게 만들 뿐이다.

바꾸고 싶은가? 그럼 당신 스스로 바꾸라. 앞에서 말한 것처럼 남의 험담을 하지 않는 것이다. 할 수 있겠는가? 사람들 사이의 시시비비와 복잡한 인간관계에 염증을 느끼는가? 그렇다면 남의 잘잘못을 이러쿵저러쿵 떠들지 않는 것부터 시작해 보자. 언제 어디서든 남의 잘잘못을 논하지 않으면 시끄러운 시비가 당신에게서 멀어지고 인간관계가 점점 단순해질 것이다.

수행이란 이처럼 단순한 것이다. 이런 작은 일을 실천하고 아주 오랫동안 변치 않고 지킬 수 있다면 당신도 부처가 될 수 있다.

**지금 당장 남의 험담을 하지 않고
원망하지 않는 것부터 시작해 보자.
하루하루가 쌓이고, 한 해 한 해 흘렀을 때,
당신은 어떤 사람이 되어 있겠는가?**

깨달음에 오랜 시간이 필요한 것은 아니다

 언제 어디서든 끊임없이 버리고 쉬지 않고 내려놓으라. 부처는 오랫동안 일상생활에서 작은 일을 꾸준히 실천함으로써 오래된 습성과 선입견이 만들어 놓은 자신의 허상을 완전히 버리고 진정한 자신을 찾았다. 이건 결코 쉬운 일이 아니다.

 우리 자신을 돌이켜 보자. 많은 이들이 이미 오래 전에 불교나 다른 종교, 철학 사상을 접하고 사람으로서의 도리, 행복의 진정한 의미 등을 알았을 것이다. 하지만 대부분은 그것들을 행동으로 옮기지 못하고 예전 습성과 관념으로 자신을 속박하거나, 그것들을 쉽게 잊어버린 채 자기 마음대로 살고 있다. 문수보살이 미륵에게 말했듯, 우리는 오래 전 부처에게《법화경》을 들었으며 우리 자신이 그걸 잊고 있을 뿐이다.

  깨달음을 얻는 것이든 부처가 되는 것이든 모두 기나긴 여정이다. 그런데 〈제바달다품〉에서 부처가 자신의 기나긴 성불 과정을 얘기한 뒤 곧이어 상반된 장면이 등장한다. 문수보살이 예전에 용궁에서《법화경》을 설할 때 용왕의 딸이《법화경》을 들은 뒤 찰나 사이에 성불했다고 말한 것이다. 부처가 무한한 시간에 걸쳐 이룬 일을 용왕의 딸이 어떻게 찰나에 이루었을까? 지적보살이 믿지 못하자 용왕의 딸이 직접 나타나 게송을 읊었다.

죄와 복을 통달하여 시방세계를 두루 비추고
미묘하고 청정한 법신은 서른두 가지로 아름답게 장식됐네.
팔십 가지 좋은 모양으로 그 법신을 장엄하니
하늘과 인간이 다 우러르고 용과 귀신이 공경하네.
모든 중생이 공경하고 정성으로 받드나니
깨달음을 이루는 일 부처님만 아시리라.
나도 이제 대승법을 이 세상에 널리 펼쳐
괴로운 중생을 구제하고 해탈시키리라.

  그런 다음 부처에게 보배 구슬을 바치고 부처가 곧바로 받자

지적보살에게 "부처께서 보배 구슬을 받는 것이 빠릅니까, 빠르지 않습니까?"라고 물었다. 지적보살이 빠르다고 대답하자 그녀가 모두의 눈앞에서 갑자기 남자로 변해 남쪽의 불토로 날아갔다. 지적보살과 법회에 모인 대중이 그제야 그녀가 찰나에 성불했음을 믿었다.

하지만 나는 여기까지 읽고도 의심을 떨칠 수가 없었다. 용왕의 딸이 어떻게 찰나에 성불할 수 있는지 궁금했다. 여러 문헌을 찾아보다가 유명한 석소문법사의 해석을 보았다. 석소문법사는 자신의 저서 《법화경도독(法華經導讀)》에서 "보배 구슬을 바친 것은 깨끗한 부처를 마음에 품고 있다가 찰나에 드러내어 부처에게 보여 준 것을 비유적으로 표현한 것이고, 보배 구슬을 바치자 부처가 곧바로 받은 것은 단숨에 깨달은 것을 의미한다. 이는 생각이 바뀌기만 하면 짧은 순간에도 깨달음을 얻고 성불할 수 있으므로 성불이 어려운 일이 아님을 의미하는 것이다"라고 분석했다.

이 해석을 읽고 모든 불경이 비유와 상징으로 이루어져 있다는 사실을 다시 한 번 확인했다. 신비롭고 불가사의한 이야기인 듯하지만 그 속에 담긴 비유를 알고 나면 의미를 쉽게 이해할 수 있다. 용왕의 딸이 찰나에 성불한 것 역시 신비로운 이야기가 아니라 불교의 기본적인 이치를 설명하고 있다. 성불이 기나긴 수행을 통해 이루어지는 것이지만, 지금 이 순간이라도 깨끗한 마음을 얻는다면 바로 부처의 경지에 도달할 수 있는 것이다.

마음이 깨끗해진다면 당신도 지금 당장 속세를 떠나 부처의 나라로 갈 수 있다. 생명이 생사의 순환에서 벗어나 태어나지도 않고 죽지도 않는 부처의 경지에 도달하려면 긴 수행의 과정이 필요하다. 끊임없이 버리는 기나긴 과정에서 수없이 반복되는 환생을 겪어야만 그런 경지에 도달할 수 있다. 하지만 아직은 성불하기에 이르고 수많은 윤회를 더 겪으며 수행해야 하더라도, 바로 지금 이 순간 깨끗한 마음을 느낄 수 있다면 찰나의 시간 동안 부처의 경지를 경험할 수 있는 것이다.

석소문법사의 해석을 읽고 억지로 이해하기는 했어도, 솔직히 말하면 의구심이 완전히 해소된 것은 아니었다. 하지만 그 후 〈관세음보살보문품〉을 읽으며 모든 의구심이 풀리며 눈앞이 환해지는 것 같았다. 부처의 긴 수행 과정과 용왕의 딸이 찰나에 성불한 것은 모순된 것이 아니라 한 가지 일의 양면임을 깨달았기 때문이다. 부처가 전하고자 한 가장 중요한 메시지는 용왕의 딸이 읊은 게송의 마지막 구절에 있었다.

"나도 이제 대승법을 이 세상에 널리 펼쳐 괴로운 중생을 구제하고 해탈시키리라."

이 말이 없었다면 그녀가 찰나에 날아올라 부처의 나라로 간 것도, 찰나에 깨달음을 얻은 것도 모두 헛된 것이었다.

**바로 지금 이 순간,
깨끗한 마음을 느낄 수 있다면
찰나의 시간 동안 부처의 경지를 경험할 수 있다.**

오로지 남의 고통만을
생각하고 행동하라

평범한 사람들에게 가장 익숙한 보살은 관세음보살이다. 보통 아름다운 부인의 모습을 하고 있으며 예로부터 아들을 낳고 싶을 때나 힘든 일이 있을 때 관세음보살을 찾아가 기도하곤 했다. 많은 사람들이 관세음보살을 좋아하는 건 그만큼 현실 세상에 괴로운 일도 많고 사람의 힘으로 바꿀 수 없는 일도 많다는 뜻일 것이다.

힘든 일이 있을 때 누굴 찾아가겠는가? 법관? 의사? 점쟁이? 누굴 찾아가든 그도 역시 인간이므로 그 무엇도 바꿀 수가 없다. 언젠가 암에 걸린 친구가 어쩌면 좋으냐고 물었을 때 나는 어떤 말도 할 수가 없었다. 공허한 위로의 몇 마디 외에 또 무슨 말을 해 줄 수 있을까? 그때 그 친구가 한숨지으며 이렇게 물었다.

"〈관세음보살보문품〉을 읽으면 도움이 될까?"

하긴, 〈관세음보살보문품〉에 "여러 가지 고뇌를 겪을 때 속으로 관세음보살의 이름을 부르면 해탈을 얻을 수 있다"는 말이 나오긴 한다. 그때 나는 그것이 후대 사람들이 부처의 이야기를 신화로 받아들이며 만들어 낸 미신이라고 막연하게 생각하고 있었다. 하지만 그렇게 묻는 친구 앞에서 "아마 도움이 될 거야"라고 말할 수밖에 없었다.

그 후 나는 〈관세음보살보문품〉을 다시 읽으며 이 경문을 어떻게 해석해야 하는지 진지하게 고민하기 시작했다.

부처는 관세음보살이 세상의 고통스러운 소리를 듣고 고통에 빠진 중생을 구하기 위해 이 세상에 왔다고 했다. 불교에서 관세음보살은 자비를 상징하고 문수보살은 지혜를 상징한다. 자비란 무엇인가?

부처는 고통의 소리가 있는 곳이라면 어디든 관세음보살이 나타난다고 했다. 불구덩이에 빠진 사람이 관세음보살의 이름을 부르면 불도 그를 태우지 못하고, 홍수에 떠내려가도 관세음보살의 이름을 부르면 금세 기슭에 닿게 되며, 위험이 닥쳤을 때 관세음보살의 이름을 부르면 살인자가 들고 있던 칼이 바닥에 떨어지고, 감옥에 갇혀 있을 때 관세음보살의 이름을 부르면 족쇄가 저절로 끊어진다고 했다.

〈관세음보살보문품〉의 이 신비로운 대목을 처음 읽으며 의구심이 들면서도 한편으로 감동을 느꼈다. 프랑스 철학자 시몬 베유는 자신이 기독교 사업에 헌신하게 된 것은 첫째, 기독교가 인간 세상의 고통에 관심을 갖기 때문이고, 둘째, 이런 관심에서 나온 사랑의 개념 때문이라고 했다. 내가 불교에 감동을 느낀 것도 역시 고통 때문이었다.

부처의 출가는 인간 세상의 고통을 깨닫는 것에서 시작되어 자비에서 끝났다. 그 사실을 알고 읽으면 미신 같은 이 경문에서도 아름다운 운율이 느껴진다. 관세음보살은 미인을 보러 오는 것도 아니고, 경치를 보러 오는 것도 아니고, 재미있는 구경거리를 보러 오는 것도 아니다. 바로 누군가 고통받고 있기 때문에 오는 것이다.

〈관세음보살보문품〉에서 부처는 보살들에게 성불하는 방법을 알려 주고 있다. 《법화경》의 앞부분에서는 사제와 12인연에 대해 설명하고, 부처가 긴 세월 동안 어떻게 보시하고 욕됨을 참으며 수행했는지에 대해 많은 이야기를 들려주었지만, 〈관세음보살보문품〉에 이르러서는 대승의 모든 이론이 단순한 행동과 생각으로 귀결된다. 바로 중생을 고통에서 구하는 것이다. 관세음보살에게는 오로지 한 가지 생각, 한 가지 행동밖에 없다.

앞에서는 어떻게 버리고 어떻게 내려놓을 것인지, 버리고 내려놓는 것이 얼마나 어려운지 조목조목 얘기했지만, 여기에 와서는 모든 것이 이렇게 단순해진다. 오로지 중생의 고통 하나만 생각한다면 자기 연민에 빠질 겨를이 있을까? 작은 이익을 시시콜콜 따질 수 있을까? 집착할 수 있을까? 오로지 중생을 고통에서 구하는 데만 집중한다면 다른 일 때문에 번뇌할 수 있을까?

이제 〈제바달다품〉에서 용왕의 딸이 읊은 게송의 마지막 구절로 다시 돌아와 보자.

"나도 이제 대승법을 이 세상에 널리 펼쳐 괴로운 중생을 구제하고 해탈시키리라."

어째서 대승의 이치에 대해 그토록 많은 이야기를 했을까? 자신의 해탈을 위해서? 그렇지 않다. 고통에 빠져 있는 중생을 구하기 위함이었다. 오직 한 가지 생각과 행동뿐, 다른 목적은 없었다. 용왕의 딸도 이런 생각과 행동에 편안히 머물게 된 바로 그 순간 성불할 수 있었다. 그 순간에는 그녀에게 오로지 중생의 고통에 대한 생각만 있을 뿐, 그녀 자신조차 없었기 때문이다. 불교와 기독교 모두 고통이 평범한 사람을 승화시키고 하나님과 부처를 이 세상에 출현시킨다.

그러므로 관세음보살은 평범한 우리들이 생각하는 것처럼 인격화된 신이 아니다. 부처가 말한 관세음보살은 하나의 상징이다. 그는 곧 자비이며, 중생의 고난을 짊어진다는 의미다. 더 정확하게 말하면 관세음보살은 중생을 고통에서 구하겠다는 아주 단순한 생각을 상징한다.

〈관세음보살보문품〉을 다시 읽어 보자. 부처는 불구덩이에 빠졌을 때 관세음보살의 이름을 부르면 몸이 불에 타지 않고, 홍수에 떠내려가도 관세음보살의 이름을 부르면 금세 기슭에 닿게 되며, 위험이 닥쳤을 때 관세음보살의 이름을 부르면 살인자가 들고 있던 칼이 바닥에 떨어진다고 했다. 또 광풍이 불 때도 관세음보살의 이름을 부르면 바람이 흩어지고, 감옥에 갇혀 있어도 관세음보살의 이름을 부르기만 하면 족쇄가 저절로 끊어진다고 했다.

이 말을 글자 그대로 받아들여 집에 불이 났는데도 119에 신고하지 않고 집 안에 앉아 관세음보살의 이름만 외고 있다면, 장담컨대 당신은 잿더미가 될 것이다. 부처의 말은 그런 뜻이 아니다. 관세음보살은 신이 아니라 마음가짐이자 태도를 의미한다. 그것은 중생을 구제하겠다는 일념과 자세를 상징적으로 표현한 것이다. 그러므로 관세음보살의 이름을 부르라는 것은 그 순간 모든 집착을 내려놓고 중생의 고통에만 집중하라는 뜻이다. 물, 불, 바람도 각각 욕심, 성냄, 어리석음을 상징하는 비유적인 언어다.

이제 다시 〈관세음보살보문품〉을 읽으면 그 안에 담긴 뜻을 이해할 수 있을 것이다. 부처가 전하고자 한 가르침은 속세에서 살아가면서 어떤 순간이 닥치고 어떤 고통과 번뇌가 찾아오든 오로지 중생의 고통만을 생각하고 그것을 위해 행동하라는 것이다. 그러면 바로 그 순간 당신을 속박하고 있던 욕심, 성냄, 어리석음이라는 세 가지 커다란 족쇄에서 벗어나 해탈할 수 있을 것이다.

어떤 위험에 처하든 관세음보살의 이름을 부르면 위험이 사라진다는 부처의 말이 신비한 마법이 아니라 아주 명확한 진리임을 이제 깨달았는가? 고통에 빠진 중생을 구하겠다는 일념 하나에 온전히 머문다면 무엇이 당신을 두렵게 할 수 있겠는가? 관세음보살을 부르면 당신은 온 마음을 다 바쳐 남을 위해 헌신할 수 있다. 자신의 생사에도 연연하지 않는데 그 무엇이 두렵겠는가?

오로지 남의 고통만을 생각하고 행동하라.
그 순간, 욕심, 성냄, 어리석음이라는
세 가지 커다란 족쇄에서 벗어날 것이다.
그 순간, 해탈할 수 있을 것이다.

살아 있는 매 순간
자신이 좋아하는 일을 하라

　얼마 후 암에 걸린 친구를 다시 만났을 때 그의 표정이 한결 편안해 보였다. 그는 평온한 말투로 얼마 전 회사를 그만두었다고 했다. 그에게는 대학 시절부터 서점을 차려 자기가 좋아하는 책을 팔고 싶다는 꿈이 있었다. 암에 걸리기 전에는 열심히 일해서 경제적으로 여유로워진 후에 서점을 차려야겠다고 생각했지만 암 판정을 받은 뒤 생각이 바뀌었다고 했다. 얼마 되지 않아 친구는 고향으로 내려가 서점을 차렸고 그 후 몇 년째 아무 소식도 듣지 못했다.
　얼마 전 광저우에서 상하이로 향하는 비행기에서 영문판

〈차이나타임즈〉를 읽다가 어느 노인의 이야기를 보았다. 그는 10년 전 암 말기 판정을 받았다. 의사는 항암 치료를 해도 3~5년밖에는 살 수 없을 것이라고 했다. 그는 망설임 없이 항암 치료를 포기한 후, 오랫동안 하고 싶었지만 먹고살기 위해 일하느라 하지 못했던 일을 하기로 결정했다. 시골에 내려가 농사를 지으며 땅을 밟고 햇볕을 마음껏 쬐며 사는 것이었다. 그는 아내와 함께 베이징 교외의 농촌에 집을 얻어 이사한 후 전원생활을 시작했다. 그렇게 10년이 흐른 뒤에도 그는 죽지 않았고 다시 검사를 해 보니 암세포가 모두 사라져 있었다.

암 판정을 받은 뒤 자신이 원하던 꿈을 이룬 내 친구도 마음의 평화와 행복으로 암세포를 물리칠 수 있을지는 잘 모르겠다. 하지만 그건 중요하지 않다. 중요한 건 이 두 사람이 죽음의 문턱에서 과감히 모든 걸 포기한 뒤 오랫동안 하고 싶었지만 하지 못한 일을 했다는 사실이다. 속세의 삶에 있는 그 유일한 문을 연 것이다.

자신이 좋아하는 일을 하라. 이것이 우리가 사는 유일한 의의다. 인생의 모든 진리와 이치가 행동으로 옮겨지면 단 한마디로 귀결된다. 바로 자신이 좋아하는 일을 하라는 것이다.

두 사람은 이 진리를 깨달았던 것이다. 아무리 오래 사는 사람도 언젠가는 죽는다. 그렇다면 고통스럽기만 할 뿐 효과를 장담할 수 없는 치료를 받으며 살기를 구하는 것보다 지금 당장 자신이 좋아하는 일을 하는 게 나을 수도 있다. 언제 죽을 것인가는 순리에 따르면 된다. 어차피 언젠가는 죽기 마련이다. 그러니 살아 있는 매순간 자신이 좋아하는 일을 하라.

많은 이들이 사회가 요구하는 기준에 따라 성공을 추구하며 산다. 자신이 정말로 좋아하는 일은 마음에 담아 둔 채 나중에 하겠다고 미룬다. 하지만 예상치 못한 일이 닥치면 비로소 죽음이 그리 멀리 있지 않다는 걸 깨닫는다. 지금 하지 않으면 영영 기회가 없을 수도 있다.

아주 길 것 같았던 인생에 갑자기 정지 신호가 켜지면 모든 게 무의미하다는 걸 알게 된다. 자신이 좋아하는 것을 할 때 비로소 그 인생이 의미를 갖게 된다. 죽음이 멀리 있다는 생각에 나중으로 미루기만 하다가는 평생 자신이 원하는 모습으로 살지 못할 수도 있다. 커다란 비극이 아닌가? 내 친구와 그 노인은 큰 병에 걸린 후 오히려 자신이 바라는 삶을 찾았다. 죽음이 닥친 그 순간에 자기 자신으로 돌아간 것이다.

우리 삶의 유일한 문을 여는 방법은 아주 단순하다. 자신이 좋아하는 일을 하라. 그것 말고 다른 방법은 없다. 물론 정확히 말하면, 이것도 부처가 《법화경》에서 말한 그 문은 아니다. 부처가 말한 그 문을 여는 방법도 아주 단순하다. 바로 고통받는 중생을 제도하는 것이다. 그것 말고 다른 방법은 없다.

> 우리 삶의 유일한 문을 여는 방법은
> 아주 단순하다.
> 자신이 좋아하는 일을 하라.
> 그것 말고 다른 방법은 없다.

인생이 한결 홀가분해지는
법화경 마음공부

1판 1쇄 2019년 5월 7일
1판 10쇄 2025년 12월 19일

지은이 페이융
옮긴이 허유영
펴낸이 유경민 노종한
기획마케팅 1팀 우현권 이상운 **2팀** 최예은 전예원 김민선
디자인 남다희 허정수
기획관리 차은영
펴낸곳 유노북스
등록번호 제2015-000010호
주소 서울시 마포구 동교로17안길 51, 유노빌딩 3~5층
전화 02-323-7763 **팩스** 02-323-7764 **이메일** info@uknowbooks.com

ISBN 979-11-89279-50-9 (03220)

- ─ 책값은 책 뒤표지에 있습니다.
- ─ 잘못된 책은 구입한 곳에서 환불 또는 교환하실 수 있습니다.
- ─ 유노북스, 유노라이프, 유노책주, 향기책방은 유노콘텐츠그룹의 출판 브랜드입니다.